KB221130

관계의 재정의

나의 행복을 타인의 시선 안에 가둔 사람들에게

주경심 지음

Redefining
a relationships

휴앤스토리

프롤로그

"엄마 자취가 뭐야?"

"자취는… 혼자서 밥도 해 먹고, 빨래도 하면서 사는 거야!"

"그럼, 지방자치(?)는 지방에서 혼자 밥해 먹고 사는 거야?"

두 아이를 키우면서 경험한 온갖 에피소드 중 하나이다. 아이의 질문에 아주 적절한 대답을 했지만, 적절했다는 나의 판단 자체가 틀린 것이다. 왜 그랬을까?

다 안다고 착각했기 때문이다.

부모만큼 내 자녀를 잘 아는 사람이 있을까? 부모 대부분은 의심 없이 자신이 자녀에 대해 가장 잘 안다고 확신한다. 하지만 자녀가 성장할수록 자신이 알던 그 아이가 아니라서 실망스럽고, 당황해서 상담실을 방문한다. 물론 여전히 자신이 알던 그 아이를 찾아 달라고 호소하고, 찾아 헤매고 있다.

아이는 한 번도 진짜 자신이 아니었던 것을 부모에게 내놓지 못해 불편하고, 부모는 아이가 한 번도 갖고 있지 않았던 것을 '네 것'이라고 보여 달라고 하니 환장할 일이다.

부모·자녀뿐만 아니라 부부관계, 직장동료와의 관계에서도 우리는 상대방에게 '내가 알던 그 모습'을 왜 주지 않냐고 투정을 부리고 있다.

내가 안다고 착각한 상대의 그 모습은 사실 내 것이었다. 내가 바라던 모습이거나 내 안에서 해결되지 못한 나의 어린 시절의 모습일 가능성이 크다. 버스 좌석 하나를 차지하기 위해 몸싸움도 불사하는 이 시대의 아이러니가 아닐 수 없다. 내 것이 아닌 것을 달라며 분명히 네 것이라고 경계도 선도 영역도 없이 침범하고 또 침범당하고 있음에도 어디까지가 내 것인지 모르고, 내가 어디까지를 침범하고 있는지도 모른다.

관계에서 '경계'가 중요함을 뼈저리게 배우지 못하면 남의 물건을 훔치게 되고, 남의 신체에 폭력을 가하고, 남의 몸을 만지고, 남의 차선을 침범하는 범죄가 발생하게 된다. 그제야 '아, 내가 침범했구나!'라고 느끼게 된다.

우리는 관계 안에서 대부분 '내 입장'에서 해석하고 설명하는 소통을 하는데, 이런 방식의 소통은 해결이나 유대감보다 서로에게 분노와 죄책감만을 남기게 된다. 소통에서 가장 중요한 것이 빠졌기 때문인데 그것이 바로 '감정과 욕구'이다. 표현되는 겉모양이 아닌 그 바닥에 있는 그 사람의 욕구, 그리고 나의 욕구를 알아차리고 그에 맞춰 표현해야 하는데, 어떤 학교에서도 자신의 욕구를 찾는 방법, 표현하는 방법을 알려 주지 않는다.

감정도 마찬가지다. 학습을 위한 기억도 감정과 깊은 관련이 있다. 감정을 관장하는 편도체 안에 있는 해마가 바로 기억 중추이기 때문이다. 감정을 느끼는 것이 큰 잘못이며 실수라도 되는 듯 "울지 마! 뭘 잘했다고 울어!"라는 말을 거리낌 없이 하고 있다.

인간은 감정의 동물이다. 우는 아이의 억울함과 서러움 속에는 인정받고 싶고, 사랑받고 싶은 깊은 욕구가 있다. 누군가가 물어봐 주고, 기다려 주고, 견뎌 주었을 때 비로소 감정을 느끼고, 욕구를 표현하게 된다. 그리고 타인과의 관계 안에서도 비난과 자책이 아닌 타인의 감정과 욕구를 읽고 요청할 수 있는 힘이 생기는 것이다.

퇴근 후 잠들 때까지 남편의 목소리가 집안에 울려 퍼지지만 부인은 외로울 뿐만 아니라 남편과 대화다운 대화를 해본 적이 없다며 상담실 문을 두드렸다. 부인이 원하는 소통은 비난, 평가, 조롱, 비교가 빠진 대화를 의미하지만, 남편은 지시, 명령, 통제로 언어를 토해 내고 있었다. 그러니 부인의 외로움, 답답함을 이해할 수 없어서 "할 일이 없고, 먹고 살 만해서 그런다"라고 치부해 버렸다.

상담사는 소통의 물꼬를 터 주는 사람, 소통의 마중물이 되어 주는 사람이다. 마음 안에 가득히 쌓인 감정과, 머리통이 터질 것처럼 많은 단어들이 서로 충돌 없이 나올 수 있도록 도와주어야 한다.

물론 쉽지 않다. 인간은 감정적인 동물이기 때문이다. 그리고 동물적인 감각은 생존을 위해 감정보다 먼저 작동하기 때문에 상대방의 표정, 목소리, 태도에서 나에 대한 공격을 먼저 감지한 채 이성적인 논리보다 감정적인 방어가 먼저 작동해 버린다.

모든 관계는 서로의 배려와 화합이 필요하다.

사람이 사람을 살리는 세상이다. 자살을 결심한 사람이 다리까지 걷는 3킬로미터의 구간 동안 누구라도 자신에게 말을 붙여 주면 죽지 않겠노라고 다짐하는 자살생존자의 증언만 봐도 알 수 있다.

누구라도 겪을 수 있는 문제지만 해결보다는 포기하고 사는 것이 더 편하다고 치부해 버린 채 끙끙 앓고 있는 문제들이 페이지 구석구석을 차지하고 있다. 페이지마다 숨어 있는 나를 발견하고, 내 부모를 발견하고, 내 동료를 발견하고, 내 아이를 발견하는 일은 아플지 모른다. 하지만 해결할 수 없다고 생각했던 문제가 마지막 페이지를 덮으면서 '해결할 수 있겠다'라는 희망과 '내 탓이 아니다'라는 홀가분함으로 남길 바란다.

차례

— PART 2

소통: 내 것과 네 것이라는 경계에 대하여

— PART 3

변화: 스스로 지키는 과정

— PART 4

감사: 네가 있어 내가 온전하다

— PART 5

인정: 있는 그대로 당당해지기

PART 1

이해:

진짜 '나'를 알고 있나요?

자기 색깔을 모르면 갈등이 생길 수밖에 없다

이제부터 지시하는 대로 한번 해보자.

양손을 마주 잡고 깍지를 껴본다. 어느 쪽 엄지손가락이 위로 올라오는가?

이번에는 반대로 오른쪽이 올라온 사람은 왼쪽이 올라오게 깍지를 껴보고, 왼쪽이 올라온 사람은 오른쪽이 올라오게 해본다. 느낌이 어떤가? 아무 느낌 없을 수도 있지만 대부분은 '어색하다' '이상하다' '뭔가 불편하다'고 대답할 것이다.

요즘 인터넷에서 성격검사가 대유행이다. 어른, 아이 할 것 없이 관심이 높은데 이유는 성격뿐만 아니라 좋아하는 음식, 여행지, 이상형까지 성격으로 구분되고 있어서다.

사람들이 성격검사를 하는 이유

보통 아이들에게 '너는 성격이 어떠냐?'고 질문을 던지면 이렇게 답한다.

"저는 성격이 별로예요."

"저는 성격이 더럽고요."

"우리 엄마는 성격이 불같고요, 아빠는 늑대 같아요."

"제 성격은 밥맛이에요."

대부분이 부정적 단어이고 자신의 성격을 마음에 들어 하는 친구들도 많지 않다. 상담을 하면서 자신의 성격을 가장 먼저 개조하고 싶다고 호소하는 아이들도 있고, 아이들의 성격을 부지런하고 야무지게 바꿔 달라는 부모들의 요구도 많다.

이미 성인이 된 사람들은 어떨까? 성격이 어떠냐는 질문을 받아 본 적도 없고, 스스로 물어볼 기회도 거의 없다 보니 부모교육에서 "본인 성격을 한마디로 표현해 보시겠어요?"라고 요구하면 한동안 말을 잇지 못한다.

먹고사는 일과는 하등 관련 없어 보이는 이런 성격이 사실은 먹고사는 일과 아주 밀접히 연관되어 있다면 믿을까? 인간이 정상적으로 기능을 하고 사는지의 기준이 '일' 그리고 '관계'인데, '일'적인 효율성 실험으로 '호오손 효과' 실험이 유명하다. 생산성을 높이기 위해 자동화시스템을 도입하고, 환경을 정비했지만, 그것보다 생산성을 더 높인 건 동료 간의 화합이었다. 화합을 위해서 무엇보다 잘 맞아야 하는 것이 성격이고, 잘 맞기 위해서 무엇보다 서로의 성격에 대한 이해가 필요하다.

'관계'적인 측면에서도 친구, 배우자, 심지어는 자식까지도 나와 성격이나 성향이 비슷해야 '통'하는 느낌을 받을 수 있고, 더 깊이 위로받는 경험을 하게 된다. 정상적인 기능 안에 이미 성격이 큰 범위를 차지하고 있다는 의미이다.

그렇다면 성격을 더럽고, 나쁘고, 불같다고 표현하는 게 맞을까?

MBTI 일반강사로 활동하고 있는 필자 역시 성격 관련 강의나 상담을 할 때 가장 많이 듣는 말이 "성격이 뭐예요?"라는 질문이다.

성격은 한마디로 각자가 환경 안에서 느끼는 '편안함'의 반복적 선택이 '익숙함'을 만들어 내고 익숙함이 반복되어서 '다름'이라는 결과물을 만들어 낸 것이다. 즉, 성격은 너와 내가 얼마나 비슷한지 다른지를 나타내는 것이다.

진짜 문제는 다름을 이해하지 못하는 것

MBTI 성격유형검사는 4가지 지표를 측정하고, 그 결과로 16가지 성격으로 구분한다. 그러나 유형이 같다고 해도 지표마다 차지하는 점수가 다르기 때문에 지구상에 나와 똑같은 성격을 가진 사람은 단 한 명도 없다. 그것이 쌍둥이일지라도. 그러니 부부가 다르고, 부모 자식의 성격이 다르고, 형제자매의 성격이 다른 건 너무나 당연한 결과이다. 문제는 다름을 알지 못하고, 인정하지 못하면 나와 다른 것은 모두 틀린 것이 되기 때문에 갈등과 싸움의 원인이 되는 것이다.

예를 들면 세상이 하얀색인데, 파란 안경을 낀 사람과 빨간 안경을 낀 사람이 바라보는 세상 빛은 다를 수밖에 없다. 그런데 단지 부모라는 이유로, 아니면 힘이 세고, 돈이 있고, 나이가 많다는 이유로 자신의 색깔만 맞는다고 우기면서 너는 왜 그것밖에 못 하냐고 혼내고 비난한다면 어떻게 되겠는가? 그야말로 가스라이팅처럼 내가 본 것에 대한 확신이 점점 없어져서 나중에는 아무것도 선택하지도 책임지지도 못하게 된다.

에너지가 어디로 흐르는지, 정보를 수집하는 기준은 뭔지, 수집된 정보를 가지고 현재 당면한 문제를 해결할 때 어느 것에 더 큰 비중을 두는지, 삶의 방식은 어떤지에 따라 수도 없이 많은 문제가 발생한다. 숲을 보는 유형은 나무를 보는 유형을 이해할 수 없고, 외향형인 사람은 내향형을 답답하다고 표현한다. 정해진 약속보다 그때그때 상황에 맞게 융통성을 발휘하는 것이 더 중요한 사람이 있고, 정리하는 방식도 누구는 네모가 기준이지만 누구는 별표일 수도 있다.

그 차이를 알지 못하면 타인을 비난, 평가, 조롱, 폄하하게 되는데, 가장 가까이 있으면서 가장 침범하기 좋은 타인이 가족이다. 그래서 많은 상처가 가족에서 시작해서 가족으로 끝나는 경우가 많다. 우리는 가족이라는 명분으로 얼마나 많은 상처를 주고받는지를 알아야 한다.

성격은 그냥 만들어지는 것이 아니라 타고난 기질, 그리고 환경과의 환상적인 콜라보레이션으로 이루어진다. 따라서 성격 때문에 문제가 반복적으로 발생한다면 애써 노력함으로써 어느 정도 변화하고 해결할 수 있다.

그렇기에 지금 무분별하게 난무하는 출처 불명의 성격검사가 조금은 위험하다고 느껴지는 것이다. 한 사람을 이해하기 위해서는 그 사람의 과거력, 발달력, 가족력에서부터 현재까지의 역사를 알아야 하고, 더불어 다양한 심리검사를 통해 공통 분모로 묶이는 문제를 찾아서 가설로 조심히 접근해야 하는데 성격검사 하나로 그 사람의 전부를 다 아는 것처럼 말도 안 되는 진단명과 병명이 전염병처럼 번져 나가고 있기 때문이다.

성격검사는 병리를 진단하는 검사가 아니라 이해를 위한 보조도구이지만 결과가 주는 파급효과가 크기 때문에 검사 경험이 많은 전문가에게

검사에 대한 충분한 사전 설명을 듣고 검사를 진행해야 하며 결과에 대해서도 주기능 - 보조기능 - 열등기능까지 해석을 들어야 한다.

더불어 심리검사는 대부분 저작권이 있어 무단으로 사용하다가 엄청난 법적 책임을 져야 할 수 있으니 진짜 나를 찾는 첫 번째는 안전한 환경에서부터 시작해야 할 것이다.

| 성격검사, 이럴 때! |

- 방 정리가 되지 않는 자녀
- 물건을 제자리에 두지 않는 식구
- 약속을 번번이 뒤집는 식구
- 친구에 살고 친구에 죽는 가족
- 우울하면 굴 파고 들어가는 식구
- 벌이기만 하며 마무리가 안 되는 식구
- 하고 있는 일이 나에게 맞는지 고민되는 직장인
- 남자친구(여자친구)의 성격 때문에 헤어질지를 고민하는 커플
- 화를 말로 풀어야 하는 사람
- 기분 내키면 외국 여행도 당장 떠날 수 있는 사람
- 물건 하나 살 때 비교만 3개월 하는 사람
- 시키는 일 안 하는 부하직원
- 한 번 시킨 일을 사흘 밤낮 붙들고 있는 동료
- 일은 못 하면서 심심하면 술 마시자고 우기는 부장님

앞에 나열한 내용이 모두 성격과 관련되어 있다면 성격이 얼마나 많은 문제를 일으키고 있는지 짐작할 수 있을 것이다.

지피지기면 백전백승! 이 모든 문제해결의 시작은 나의 성격을 먼저 아는 것이다. 준비가 되었다면 나를 찾아 떠나는 여행을 시작하면 된다. Let's go~!

감정의 주인

결혼을 앞두고 있지만 설렘보다는 두려움이 큰 지은 씨는 자신 때문에 남편이 화를 내고, 술을 마시는 모습이 견딜 수 없이 힘들지만, 한편으로는 이 모든 것이 남편 때문에 발생한 일인 만큼 자신을 이해하지 못하는 남편에 대한 서운함도 점점 쌓여 가고 있었다.

지은 씨의 남편 역시 지은 씨로 인해 화를 참을 수가 없고, 술을 마시지 않으면 잠이 오지 않는 이 상황이 너무 힘들고, 이대로 결혼하고 가정을 가꿔 나갈 자신이 없다고 말한다.

두 사람의 갈등은 결혼을 앞두고 옛 남자친구를 만난 지은 씨 잘못일까? 아니면 자신을 너무 외롭게 만들어서 옛 남자친구를 만날 수밖에 없게 만든 남편의 잘못일까?

누가 만들어 낸 감정인가

친밀한 관계에서 발생하는 대부분의 갈등은 지은 씨의 경우처럼 타인으로 인해 발생한다. 아니 타인 때문이라고 믿고 있다. 나를 외롭게 만들어서 술을 마시거나 다른 사람을 만났고, 나를 화나게 만들어서 물건을 부수고 때릴 수밖에 없었고, 나를 무시해서 너에게 돈과 힘으로 복수를 할 수밖에 없었고, 나를 불안하게 만들어서 너의 핸드폰과 스케줄을 관리하면서 통제할 수밖에 없었다고 말한다.

그리고 그것이 뭐가 문제냐고, 문제는 애초에 이런 문제를 만들어 낸 '너'가 문제라고 한다. 그러니 변화가 필요한 건 알겠지만 '너'가 변하는 것을 봐서 '나'도 변하겠다고 조건을 달게 된다.

들어 보면 충분히 납득되는 이런 이유로 인해 가해자도 억울해지고 피해자도 억울해지는 상황이 발생하고, 힘이 있거나 목소리가 큰 사람에 의한 폭력이 만연화되고, 폭력을 사회가 승인해 주는 모양새가 만들어진다.

폭력 허용적인 문화, 폭력이 발생하면 피해자에게서 원인을 찾는 피해자 유발론, 그리고 '오죽하면 연인과 자녀를 때렸겠냐?'며 가해자를 옹호하는 분위기는 마약보다 더 치명적으로 우리들의 감정과 뇌의 판단력을 흐리게 하고 있다.

한 가지 예를 들어 보자. 저 멀리서 부장님이 오는 것을 보고 인사를 할까 말까 망설이다가 용기를 내서 인사를 했는데, 부장님이 인사를 받지 않고 지나쳐 간 상황에서 어떤 생각이 들까?

'부장님이 역시 나를 미워하네' '부장님이 나를 못 보셨나?' '부장님을 어려워하는 내 마음을 부장님도 눈치채신 건가?' 별별 상상을 하면서 화나고, 불안하고, 자책도 하게 된다. 심하게는 인사를 받지 않은 그 상황 하나로 부장님은 항상 저런 식이라며 일반화하고, 나를 좋아해 주는 사람은 세상에 아무도 없다는 비합리적 신념을 확인하는 사람도 있다.

그런데 사무실에 왔을 때 누군가가 "부장님 댁에 사고가 생겨서 급하게 나가셨어. 별일 아니어야 할 텐데…"라고 했을 때, 부장님이 인사를 받지 않고 지나친 상황은 변하지 않았지만, 그 상황을 해석하는 방식과 내 감정은 완전히 달라진다.

결국 사건이 감정을 만드는 것이 아니라, 내가 만들어 낸 감정이 사건 안에서 스토리를 만들어 낸다는 것을 알아야 한다.

외도를 하거나 폭력을 행사한 사람들은 타인이 자신에게 어떤 잘못을 했는지를 강조하면서 자신의 정당성을 주장하지만, 자신이 분명히, 정확히, 아주 똑똑히 경험했다는 그 감정은 Fact, 즉 사실이 아니며, 사실이라고 믿고 있는 그 감정을 Real(현실)로 만들기 위해서는 내 감정의 지시를 따를 것이 아니라 상대방에게 물어봐야 하는 것이다.

나를 방치하는 건 결국 나

남편이 매일 일만 하느라 경제적으로는 풍요했지만, 정서적으로 외롭게 만들었다는 주장은 그럴듯하게 들린다. 하지만 외로움은 내가 만들어 낸 감정임을 먼저 알아야 한다. 사람은 누구나 혼자 태어나서 혼자 죽기 때문에 외로움(고독)은 평생 함께할 친구와 같은 것이다. 누가 있다고 외롭지 않은 건 아니며 또 누가 없다고 외로운 것도 아니라는 것은 누구나 한 번쯤 겪어 봤을 것이다.

외로움이라는 나의 감정을 알아주는 사람도, 그 감정을 위로해 주는 사람도, 해결하는 사람도 결국 '나'여야 한다. 마찬가지로 화가 나는 상황을 이해하고, 조절하고, 다스릴 수 있는 사람도 '나'여야 한다.

가끔 타인 위주로 살아온 사람들이 "다른 사람들이 어떻게 생각하겠어요?" 하는데, 다른 사람은 다 몰라도 본인은 다 알지 않냐고, 그 사람들이 알지 못하는 감정의 구석구석까지 본인은 다 알고 있는데, 본인이 본인을 외면하면 누가 그 마음을 알아주겠냐고 질문하면 무척 당황한다.

"그렇네요. 나를 무시하고, 방치한 사람은 결국 '나'였네요."

타인 때문에 만들어진 감정이기 때문에 타인이 해결해 주기를 기대하게 된다. 그리고 해결해 주지 않아서 서운해하고 화를 키우는 악순환이 반복된다. 감정이 밀려올 때는 '이 감정이 맞나?' '이 정도로 화를 내는 게 맞나?' '상대방이 만들어 낸 것인가?'라고 끊임없이 의심해 봐야 한다. 그리고 요리조리 돌려 가며 자세히 보면서 비판해야 한다.

'내가 상대방에게 사랑받고 싶구나, 그런데 사랑한다고 말해 주지 않아서 서운했구나!'

'나는 퇴근할 때 아이들이 나와서 반겨 주기를 기대하는구나. 그런데 아이들이 공부한다고 나오지 않으니까 무시당했다고 생각하는구나.'

'아내가 해주는 밥을 먹고 싶은데, 갑자기 약속 있다고 나가 버리니까 외롭다고 느껴지는구나!'

자신의 욕구를 알아차리고 나를 위해 무엇을 해줄까를 고민해야 비로소 감정의 회오리를 다스릴 수 있는 것이다.

이것이 건강한 관계를 지키는 방법이다. 내 땅에는 내가 고랑을 내고, 씨를 뿌리고, 잡초를 뽑고, 거름도 주고, 수확도 하는 것처럼 관계도 결국 농부처럼 내 마음 밭에 어떤 씨를 뿌리고 무엇을 수확할지 결정하는 사람이 '나'임을 잊지 말아야 한다.

무기력과 긍정심리학

상담에 오는 내담자의 대부분이 무기력과 권태로움을 호소하고 있다. 특히 한창 인생에 호기심을 갖고 탐색해야 할 중·고등학생 중에 꿈도 없고, 하고 싶은 것도 없고, 게임 외에는 재밌는 것도 없다고 호소하는 아이들이 많다.

무기력은 우울의 주요증상이기도 하지만, 우울이 아니어도 무언가를 하고 싶은 욕구와 동기가 없고, 무언가를 하고 있어도 특별히 재미와 보람이 없이 다람쥐 쳇바퀴 돌리듯 '그냥' 하고 있다고 호소한다. 이런 자신을 스스로도 이해할 수 없고 주변 사람들에게 자신의 상황에 관해 얘기해 봐도 크게 도움이 되지 않아서 자신이 타인에 대한 신뢰가 없는 건지 혹시 실수하는 게 두려워서 아무것도 시작하지 못하는 강박증은 아닌지 고민하다가 결국 답을 찾고 싶어서 상담에 오게 된다.

불안, 강박, 공포, 두려움, 우울, 조현, 조울, 분열정동, 학교폭력에 가정폭력, 부부관계, 고부관계까지… 호소하는 사람도 나이도 내용도 다르고, 처한 상황도 다르지만, 그들은 한목소리로 '아무것도 하고 싶지 않고, 하기도 싫어요'라고 말한다.

학습된 무기력

행동주의 학자인 마틴 셀리그만(Martine Seligman)은 개에게 전기충격을 가하는 실험을 하였다. 총 24마리의 개를 세 집단으로 나눠서 무기력이 학습되는 것을 보여 준다.

첫 번째 집단은 전기충격을 가하지만 개가 조작장치를 누르면 충격이 멈추게 하였고, 두 번째 집단은 몸이 묶여 있어서 전기충격을 피할 수 없게 하였고, 세 번째 집단은 실험 상자 안에 있지만 전기충격을 가하지 않았다.

24시간 후 개들을 다른 곳으로 옮겨서 전기충격을 가했을 때 첫 번째 집단, 세 번째 집단 개들은 가림판을 넘어 전기충격을 피했지만, 두 번째 집단의 개들은 전기충격을 피할 수 있는 환경임에도 불구하고 피하지 않은 채 전기충격을 그대로 받아들이고 있었다.

바로 자신이 어떻게 해도 피할 수 없는 경험으로 인해 '무엇을 해도 피할 수 없고 극복할 수 없다'는 무기력이 학습된 것을 보여 주는 실험이다.

- ✔ 끈을 묶지 않아도 도망가지 않는 사막의 낙타
- ✔ 아주 얇은 줄로 묶인 코끼리
- ✔ 이유 없는 폭력을 당할 줄 알면서도 도움을 요청하지 못하는 가정 폭력 피해자
- ✔ 엄청난 잔소리와 간섭에도 아무 반응 보이지 않는 아이

이러한 모습들이 무기력을 보여 주고 있다.

‘학습된 무기력’이란 피할 수 없고 극복할 수 없었던 환경에 반복적으로 노출된 경험으로 인해 실제로 자신이 피하고 극복할 수 있는 상황임에도 불구하고 자신의 어떤 시도나 노력으로 결과를 바꿀 수 없다고 여기며 무기력한 상태를 말한다.

“아무것도 하고 싶지 않고.”

“어떻게 해서도 이런 감정이 끝나지 않을 것임을 알아 버린다.”

무기력에서 벗어나는 방법

많은 내담자가 원하는 것은 무기력의 실체를 아는 것만큼이나 무기력에서 벗어나는 방법이다. 그래서 인터넷도 찾아보고, 취미생활도 해보고, 맛있는 것도 먹어 보지만 그런 행위가 끝나기 무섭게 무기력은 원래부터 입고 있던 옷처럼 다시 내담자를 감싸 버리고, 불편하고 익숙한 그 감정에 다시 빠지도록 한다.

셀리그만 박사는 학습된 무기력을 치유하는 실험도 진행했는데, 바로 긍정적인 경험의 반복이었다. 즉, 전기충격을 가해도 피하지 않고 무기력하게 눕는 개의 목줄을 당겨 안전한 쪽으로 옮겨 주기를 반복하자 무기력이 회복되었다. 이런 실험을 통해 셀리그만 박사는 긍정심리학을 위해서는 세 가지가 필요하다고 주장했다.

즐거움을 찾고, 즐거움에 깊이 빠져 보는 몰입경험과 그러한 몰입경험에 의미를 붙여 보는 것이 바로 긍정심리학이며 무기력에서 벗어나는 핵심이다.

자기 삶에 의미를 붙인다는 것을 상당히 어렵게 생각하는데, 이렇게 생각해 보자. 일주일 중에 사람들이 헷갈리는 요일은 화요일, 수요일, 목요일이라고 한다. 월요일은 '월요병', 금요일은 '불금'이라는 수식어가 있다. 그리고 토요일과 일요일은 '주말'이라는 수식어가 있지만, 화요일, 수요일, 목요일에는 어떠한 수식어도 없어서 헷갈린다는 설명이다.

나의 삶에는 오직 나만이 붙일 수 있는 수식어가 있다. 바람이 좋아서, 날이 차가워서, 립스틱을 바꿔서, 넥타이를 바꿔서, 유난히 발걸음이 가벼워서… 여러 가지 이유로 나에게 의미 있는 날이 될 수 있다. 그런 의미는 오직 '나'만이 찾을 수 있고, '나'이기 때문에 의미 있는 것이다. 그것들이 비록 타인에게는 아무 의미도, 가치도 없지만 나에게는 의미가 될 수 있다.

나를 위한 긍정 단어 찾기, 감정 일기, 행복한 일상, 짧지만 굵은 하루 등등 많은 부분에서 타인의 시선으로 나의 삶을 평가하고, 타인의 기준으로 나를 재단하기 때문에 내 삶이 그다지 멋져 보이지 않는 것이다. 결국 불안을 느끼게 되고, 그런 불안을 달래기 위해 방어기제를 사용하게 되는데, 방어기제가 너무 자주, 너무 많이 활용되고, 그것을 철회하지 못하기 때문에 긴장할 수밖에 없다.

내가 선택하지 않았던 많은 것들은 지나간 과거이다. 현재의 내가 여전히 과거의 나의 등에 숨어서 '난 못해, 어차피 잘 안될 거야' '이건 엄마가 싫어할 거야' '다른 사람들은 이런 거 안 하는데, 나는 왜 남들보다 멋지지 않을까?' 비판하고 비난하고 평가하고 있는 '자기대화(self-talk)'를 멈춰야 한다.

"나는 뭐든지 할 수 있어!"

"내 삶의 주인은 나야!"

"나는 나의 기준으로 살아도 돼!"라고 말해 주어야 한다.

이런 말을 스스로 하는 것이 쑥스럽고 낯설다면 가까운 누군가에게 애써 부탁해도 된다.

나를 믿어 보자

누구나 현실을 살아 내는 건 어려울 수 있다. 타고난 기질 때문일 수도 있고, 현재의 환경, 주변 사람 때문일 수도 있다. 하지만 그럼에도 나를 살게 하는 건 '나에 대한 나의 믿음'이어야 하고, 위험요인보다 보호요인을 더 찾고, 아끼고, 다독일 수 있다면 기어이 살아 낼 수 있는 것이다.

현실검증력이 손상되는 사고장애 중 하나인 강박장애가 스트레스를 받으면 편집증으로 발전할 수 있고, 다시 스트레스를 받으면 조현병으로 진행할 가능성이 높다. 무기력이나 스트레스로 상담에 오는 내담자는 상담사와 한 팀이 되어 습관적으로 경험하는 감정과 생각에 대해 의심하고, 그것에 대해 같이 비판하고, 새로운 결심을 하는 반복연습을 통해 비로소 잘못된 사고체계를 변화시킬 수 있게 된다.

그러니 현재의 내가 경험하고 있는 나의 스트레스를 무시하지 않고, 고통에 둔감해지지 않고, 그 모든 것들을 자신이 잘 살펴야 한다. 그래서 이 상황에서 벗어날 수 없다는 무기력에 익숙해지지 않도록 나의 목줄을 당겨서 안전한 곳으로 옮기는 경험의 반복, 즉 즐거움과 의미 있는 삶의 반복을 통해 '나'다운 삶을 영위해야 한다.

게임중독

아이들은 왜 게임을 할까?

중학교 1학년 지훈이 엄마의 걱정은 지훈이가 게임 하느라 잠도 안 자는 것이고, 초등학교 3학년 동현이 아버지의 걱정도 동현이가 게임만 하려 하고 게임을 못 하게 하면 짜증을 내고 심지어 욕을 하는 것이다. 고등학교 2학년 연하 엄마 역시 같은 걱정을 하고 있다. 하루도 빠짐없이 게임 때문에 싸우다 보니 이제는 아이 얼굴만 봐도 화가 난다고 호소하고 있다. 이제 곧 방학이 되면 그나마 지켜 온 생활패턴이 게임 위주로 돌아갈 것 같아서 걱정이 이만저만이 아니다.

게임을 못 하게 해 달라며 상담실로 아이들을 데려오는데 상담실에 끌려오거나 잡혀 온 아이들은 부모의 걱정에 뭐라고 대응할까?

"할 일 다 해놓고 게임하는데 그게 뭐가 문제예요?"

"저만 하는 거 아니고 아빠도 하루 종일 핸드폰만 보면서 왜 저한테만 뭐라고 해요?"

"제 친구들도 하는데, 친구 부모님들은 안 그러는데 저희 부모님이 유난스러우신 거예요."

"게임 안 하면 다른 거 할 게 없어요."

그럴듯한 이유를 댄다.

아이들은 왜 게임을 하고 게임에 빠질까? 게임을 하는 아이들은 크게 '게임이 좋아서 하는 아이'와 '게임밖에 할 게 없는 아이'로 나눌 수 있다.

게임이 좋아서 하는 아이 중에는 머리가 좋고 전략이 뛰어나서 게임을 이끌어 가고 무엇보다 게임을 통해 친구들과 주변 사람들로부터 상당히 인정받고 있다. 어떤 것을 해도 스스로 만족하거나 부모의 인정을 받아 본 적 없던 아이가 게임을 통해 성취감을 느끼고, 강점을 찾고, 자신의 가능성을 찾았는데 그것을 끊으라고 하는 것은 '찌질했던 그때로 다시 돌아가!'라고 요구하는 것이다.

게임밖에 할 게 없는 아이는 사회성이 부족하거나, 친구관계 및 학습에 대한 흥미가 없고, 가족 간 소통의 부재로 얘기할 대상이 없을 때 사이버상에서 친구를 사귀고, 관계를 맺으면서 현실에서의 불만족스러운 관계를 가상에서 채우게 된다.

게임 하는 아이로 인한 부모의 걱정 또한 이해가 안 가는 건 아니다.

"남들은 좋은 대학 가는데, 저러다 인생 망칠까 봐!"

"게임 중독 때문에 아무것도 못 할까 봐!"

그래서 게임을 못 하게 할 때도 "다 너를 위해서 하는 말이야! 부모니까 이런 말, 해주는 거야!! 나중에 사회생활 어떻게 하려고 그러니!"라고 한다.

그들이 사는 세상

인간은 살면서 다양한 욕구를 추구하며 사는데 소속감, 힘, 즐거움, 자유, 생존에 대한 욕구가 기본이다. 아이들이 게임에 빠질 때 단순히 게임을 못 하게 하는 것은 진정한 해결책이 아니다. 컴퓨터를 부수고, 랜선을 뽑고, 전원을 차단하는 건 아이들의 마음을 닫게 할 뿐이다. 자신의 즐거움과 소속감과 그 안에서 경험하는 다양한 감정을 부모로부터 거절, 무시당했다고 생각한다.

아이들이 게임을 할 때 부모는 아이와 아이가 하는 게임에 대해 굉장히 자세히 알아야 한다. 무슨 게임을 하는지, 어떤 방식으로 진행되고, 어떤 레벨이 있고, 어떤 아이들과 게임을 하고, 어떤 대화를 주고받는지, 그 안에서 아이가 경험하고 느끼는 감정은 무엇인지에 대해 순수한 관심으로 접근해야 한다.

하지만 알면 간섭하고 싶고, 통제하고 싶고, 부모 입맛에 맞게 조정하고 싶어진다. 그것이 자녀를 위해서 부모가 할 수 있는 역할이라고 착각하기 때문이다.

아이들의 게임은, 단순히 중단시키는 것이 중요한 게 아니다. 몇 시간을 하느냐도 중요하지 않다. 자녀로서, 학생으로서, 인간으로서의 역할과 의무를 잘하고 있는지부터 살펴야 한다.

첫째, 인간으로서의 역할이다. 사춘기 아이들에게는 공부만큼이나 중요한 것들이 있다. 바로 잘 먹고, 잘 자고, 잘 지내는 것이다. 신체 성장은 19세를 전후로 멈추게 되고, 이후로는 퇴행의 길을 걷게 된다. 건강한 성장을 위해서 수면시간은 6~8시간 정도가 필요하며 성장호르몬이 분비되는 22시 30분~3시 사이에는 수면을 취하는 것이 바람직하다. 또한 성장을 위해서는 잘 먹어야 하는데, 패스트푸드와 인스턴트가 가정의 식탁까지 점령해 버린 지금 아이들의 건강을 보장할 수가 없다. 제때 제대로 된 식사를 하고 있는지도 점검해야 한다.

둘째, 학생으로서의 역할이다. 학생은 학교에 소속된 지위만을 말하는 것이 아니다. 인생을 살아가는 데 필요한 지식을 쌓고, 경험을 하는 것이 아이들의 역할이다. 그런데 배움의 기회를 놓쳐 버리고, 배움을 포기해 버리는 자세는 장차 사회구성원으로서 역할을 함에 있어 본인에게 불리할 수밖에 없다. 학교 공부가 아니더라도 자신의 인생을 위해 무언가를 배우고 있는지 점검해야 한다. 학교에 다니는 학생이면 등하교 및 규칙 준수와 더불어 주어진 과제를 수행해야 하며, 제도권 밖에 있는 청소년이라면 학원이나 취미활동, 특기 개발을 위한 과업을 잘 수행하고 있는지 점검할 필요가 있다.

셋째는 가족구성원으로서 가족 안에서 자신의 역할을 잘하고 있는지 봐야 한다. 자신의 물건 및 신변 정리, 위생관리 등이며 부모가 제공하는 물리적·정서적 권리를 누리는 만큼 형제자매, 그리고 자녀로서 역할을 잘 수행하고 있는지 점검해야 한다.

받아들임에서 시작하자

아이들은 하나같이 호소한다.

"처음부터 이렇게 하지는 않았다."

하지만 숙제 다 하면 게임해도 된다고 했으면서 30분만 하라는 추가 간섭이 들어오고, 등 뒤에서 한숨을 쉬고, 게임중독자로 몰아가는 데다 게임하는 친구를 나쁘게 평가하는 등 게임을 하는 중에도 끊임없이 잔소리와 간섭을 하니까. 이래도 혼나고 저래도 혼나는 거라면 내 마음대로 해버리자는 마음이 작용한다고 했다.

게임을 안 하면 당연히 공부를 할 거라는 기대 또한 접어야 한다. 게임을 못하게 하는 것은 행동수정 요법 중 하나로 행위는 제한할 수 있지만 그에 상응하는 대안 활동이 제공되지 않으면 원래의 행동을 다시 선택할 가능성이 커진다. 이렇게 강화된 행동을 멈추게 하기 위해서는 더 강한 처벌이 들어가야 하기에 행동수정은 되지 않은 채 관계만 악화될 가능성이 높다.

그리고 처벌과 강화의 행동수정 요법은 동물 대상의 실험 결과로 얻은 방법이다. 아이들 스스로 선택하고, 결정하고, 책임지는 삶을 기대한다면 질문을 통해 메타사고를 키우고, 성취감을 경험하면서 자신감을 키우는 것이 중요하다.

다양한 노력에도 불구하고 자신의 의지와는 상관없이 게임에 빠져 있고, 게임을 끊어 내지 못하는 아이는 팝콘브레인, 블루스크린 증후군, 터널증후군, 거북목의 부작용뿐만 아니라 금단과 내성, 의존증을 해소하기 위해서라도 전문가의 도움을 받기를 권유한다.

우리 아이 처음 성교육

8살 민준이가 학교 수업을 마치고 집으로 오면 엄마 대신 방문학습지 선생님이 민준이를 기다리고 있다. 민준이는 친절하고 착한 선생님이 좋지만, 한편으로는 빨리 갔으면 좋겠다는 마음도 있다. 선생님이 가고 나면 민준이는 방으로 가서 침대나 책상에 자기 성기를 비비거나 손으로 꾹 누르며 논다.

엄마가 일을 하면서부터 혼자 있는 시간이 많아졌고, 우연히 이런 놀이를 알게 되면서 이렇게 혼자 노는 게 좋았는데 어느 날 엄마에게 들키고 말았다.

5세 윤아는 유치원에서 오자마자 엄마한테 혼이 났다. 이유는 엄마가 절대 만지지 말라고 한 곳을 또 만졌기 때문이다. 자신도 왜 자꾸 만지게 되는지 모르겠지만 선생님께 혼날 때, 심심할 때, 친구들이 자기랑 안 놀아 줄 때, 자신도 모르게 손이 움직였다.

6세 준이는 유치원에 좋아하는 여자친구가 있다. 그런데 친구랑 뽀뽀를 하다가 혼이 났다. 엄마, 아빠가 뽀뽀하는 것을 보면서 좋아 보였고, 뽀뽀는 좋아하는 사람이랑 하는 거라고 엄마가 말을 해줘서 한 것뿐인데, 엄마는 화를 내고, 선생님은 왜 그랬냐고 혼을 내고, 여자친구 엄마는 여자친구를 데리고 가버렸다.

유아 성교육, 필요할까요?

자녀를 키우다 보면 가장 당황스러울 때가 위와 같은 상황에 맞닥뜨렸을 때다. 이럴 땐 아이보다 부모가 더 당황하게 된다. 아직 어린아이이니 잘못이 아닌 것 같다가도, 입장을 바꿔 보면 본인 역시 그냥 넘어갈 수 없는 문제로 여겨진다. 그래서 보통의 부모들은 아이에게 "만졌니? 안 만졌니?"를 두고 사실 여부를 두 번 세 번 확인하면서 화를 내거나 "네가 얼마나 잘했어? 잘못했어?"를 따지면서 다그치거나 부모 스스로 충격에서 헤어 나오지 못하는 모습을 보인다.

물론 경찰에 신고해서 아이들의 문제가 아닌 어른들의 완력 싸움으로 번지는 경우도 허다하다. 그사이 이런 상황의 주인공이 되어 버린 아이의 당황스러운 마음을 헤아려 주지 못한 채 방치하게 된다.

그렇다면 아이들은 왜 이 같은 행위를 하게 되는 것일까? 아이들은 태어난 이후 세상과의 소통 이전에 자신과의 소통을 먼저 시작한다. 돌 전후로 울면 달려와 기저귀를 갈아 주고 젖을 주는 엄마를 보면서는 자신이 마치 신이라도 된 듯 전능감을 경험하고, 5세 무렵에는 발달과정상 엄마 아빠를 보면서 나와 같은 것과 다른 것을 배우게 된다.

그래서 성별이 같은 부모와 똑같은 양말과 모자를 쓰고, 똑같은 자세로 밥을 먹거나 텔레비전을 보면서 부모를 동일시하게 된다. 또한 세상 모든 만물이 자신을 위해 만들어진 것 같은 착각 속에 살면서 자신이 주인공이 된 세상에서 주변의 모든 것들과 대화를 시도하고 심지어는 혼잣말과 혼자 놀이를 즐긴다.

베개는 동생이 되어 매일 아이의 등에서 잠을 자게 되고 식탁에서 숟가락과도 대화를 시도하고, 심지어는 공감까지 해주는 아이를 보며 당황한 기억들이 있다. 이렇듯 아이가 놀이과정에서 자연스럽게 자기 몸을 만지면서 놀게 되는데 이것이 바로 '자위'이다.

유아의 자위는 성인과는 다르다

민준이 엄마는 상담실에 와서 아이의 행동에 대해 "아빠가 성욕이 강해서 아이한테까지 유전이 됐나 봐요"라고 했지만, 사실은 엄마 스스로 '자위는 나쁜 것, 더러운 것'이라는 이미지를 갖고 있었다.

처음 아이의 행동을 알게 됐을 때 반응 또한 아이를 혼내고, 협박하고, 때리기까지 했다. 하지만 아이가 경험한 기분은 '상쾌함'과 '즐거움'이었고, 그러한 기분을 대체할 대체물이 없는 한 지속할 수밖에 없다. 왜냐하면 인간이 살아가면서 얻고자 하는 기본 욕구에는 소속감, 힘과 성취, 자유로움, 생존 욕구가 있고 그 안에 즐거움 또한 포함되어 있기 때문이다.

민준이는 세상 어떤 것보다 즐거운 자신의 놀이로 인해 엄마에게 혼나고 아빠한테 매를 맞는 상황 속에서 '하지 말아야지'라는 생각보다 혼란스러움이 더 크다.

유아의 놀이 중에 몸을 가지고 노는 놀이, 즉 10세 이전 성호르몬의 분비가 되기 전 아이들의 행위는 그 행위가 어른 눈에 좋게 보이건 안 좋게 보이건, 마음에 들건 안 들건 상관없이 사랑받고 싶고, 인정받고 싶은 욕구이며 기분 좋은 느낌일 뿐이다.

자기 몸이 주는 즐거움을 아는 것은 나쁜 것, 잘못된 것이 아니다. 다만 그런 행위로 인해 아이가 다칠까 봐, 아이의 성장에 지장이 있을까 봐 염려하는 부분을 전달하고, 원한다면 병원이나 전문가의 상담을 받으면 된다.

민준이에게 몸이 아직 다 자라지 않았고, 잘못해서 염증이 생기면 병원에 가야 할 수도 있으며, 자꾸 누르면 소중한 음경이 기형이 될 수도 있다고 알려 주었다. 그리고 부모에게는 기본적인 영유아 성교육과 부모가 어떻게 대처해야 하는지에 대한 코칭을 해주었다.

"아이들이 넘어지면 넘어져서 우는 것이 아니라 부모의 반응을 보고 울게 됩니다. 처음 민준이의 행동을 발견했을 때 엄마가 당황하지 마세요. '민준아! 어떤 놀이인지 엄마한테 설명해 줄래?' '기분이 어땠어?' '아프지는 않았어?' '괜찮아?'라고 물어보세요."

4세 때 처음 누르기를 시작한 아이는 8세가 될 때까지 부모에게 혼날 줄 알면서도 누르기와 비비기를 포기하지 못하고 살아오면서 긴장과 불안까지 경험하게 된다. 하지만 누구도 민준이에게 '잘못한 게 아니라, 조심해야 하는 것'이고 '네가 다치거나 아플까 봐 걱정된다'라는 말을 해주지 않았기 때문에 멈추지 못한 것일 수 있다.

민준이 엄마의 고민은 또 있었다. 성별이 다른 민준이의 성교육을 어떻게 시켜야 할지 모르겠기에 남편에게 부탁했지만, 바쁘다는 이유로 거절했다.

우리 아이들이 성교육을 접한 건 그 시기는 오래됐지만 대부분 기능적인 부분이 전부였다. 하지만 기능 때문에 문제가 발생하는 경우는 거의 없고, 지식이나 정보가 없어서 당황하는 경우가 더 많다. 그리고 대부분이 불법촬영 영상물을 보며 배운 행위가 전부니 민망하고 당황스러워서 내 아이에게 "성은 이런 거다"라고 분명히 전달할 수가 없는 것이다.

인권존중 개념교육이 먼저

2015년부터 한국양성평등교육진흥원 성폭력예방 강사와 성교육강사, 성 상담사로 활동해 오고 있으면서 성교육의 방향과 수준이 많이 변했음을 알 수 있다.

초반의 성교육은 '싫어요, 안 돼요, 하지 마세요' 교육이었다. 즉 피해를 볼 가능성을 최소한으로 줄이고, 피해가 발생하는 상황에서 적극적으로 대처하라는 것이다. 하지만 사고는 언제든 발생할 수 있고, 실제로 사고가 발생했을 때 "더 크게 말했어야지, 여러 번 말했어야지" 하며 그 원인을 피해 아동들에게 돌리면서 오히려 가해자를 옹호하는 분위기였다.

하지만 지금의 성교육 방향은 인권존중과 성적자기결정권에 관한 교육이 주를 이루고, 피해자에게 원인을 묻기보다는 가해자에게 원인을 묻고, 문제가 발생하지 않는 분위기 조성이 더 중요함을 알리는 교육으로 바뀌고 있다.

성 문제는 단순히 성 문제 하나만이 아니라 그 이면에 사회문화적 원인과 편견에서부터 가족문제, 소통문제, 개인문제 등 다양한 원인과 상황이 있다.

어디까지 알려 주어야 할까?

내 아이가 부모에게 성에 관한 질문을 한다면 이렇게 대처하자.

- ☑ 아이가 궁금해하는 부분까지 이야기해 준다.
- ☑ 신체 부분에 대해서는 정확한 용어(음경, 음순, 포궁 등)를 사용한다.
- ☑ 기능적인 부분이 아닌 인권존중, 생명존중에서부터 시작한다.
- ☑ 잘 모르는 부분은 모른다고 솔직히 말하고, 책이나 전문가의 도움을 받는다.
- ☑ '성 문제 = 성범죄'가 아님을 인식하고 당황하지 않는다.
- ☑ 부모가 먼저 교육받고 아이들의 성장에 맞춰 준비하자.

위와 같은 내용을 기억하고 있다면 내 아이가 하는 어떤 질문과 행동에도 당황하지 않고 대처하는 현명한 부모가 될 수 있다. 꼭 기억해야 할 것은 유아의 성은 어른의 성과 다르다. 어른의 눈으로 보고, 어른의 생각으로 판단하지 말고 꼭 물어보자.

"사람 만나는 게 싫어요"

20세 지혁 씨는 대학 생활은 물론 입대를 앞두고 자살까지 생각할 정도로 대인기피증이 심하다. 어릴 때부터 내향적인 아이로 사람 많은 데 가는 것을 극도로 싫어했고 명절에도 친척들 앞에 얼굴을 내미는 것조차 불편해했다.

학창 시절에는 사람들과 섞이는 게 싫어서 항상 새벽 첫차를 타고 학교에 갔고, 친구들이 올 때까지 못다 잔 잠을 자거나 그제야 공부를 하곤 했다. 지혁 씨 어머니는 지혁 씨가 다른 아이들에 비해 유난스럽다고 생각은 했지만, 나이를 먹다 보면 자연스럽게 좋아질 것으로 기대하고 있었다. 하지만 나이를 먹을수록 지혁 씨는 점점 방 안, 그것도 컴퓨터 앞으로 더 가까이 갔고, 자신의 공간에서 나올 기미를 보이지 않았다.

대인기피증, 그 시작은…

흔히 지혁 씨와 같은 증상을 보이는 사람을 대인기피증, 또는 사회공포증이라고 부른다. 사회공포증은 사람들이 모이는 사회적 상황을 극도로 싫어한다는 특징이 있다. 상황에 비해 민감도가 지나치고 이에 따라 일상생활에 분명한 장애가 있는 경우다. 지혁 씨의 경우 사회공포증으로 진단받을 수준임을 알 수 있었다.

그렇다면 지혁 씨는 왜 사람들을 싫어하게 됐을까?

어린 시절부터 남 앞에 나서는 것을 좋아하지 않았지만, 아들이 귀한 집안에 장남으로 태어난 이상 가족들의 관심에서 아예 멀어질 수 없었고, 어머니 역시 어디 내놔도 부족한 점 없는 지혁 씨를 자랑하고 싶어 했다. 북적이는 것을 싫어해서 방에 숨어있던 지혁 씨를 어머니는 추석날 아침 기어이 온 가족이 있는 자리로 지혁 씨를 데리고 나와 재롱 잔치를 하게 했다. 닭똥 같은 눈물을 흘리면서 억지로 재롱을 부리는 그 모습마저 귀엽고 사랑스러웠던 가족들은 박장대소하면서 좋아했다.

어린 나이였지만 지혁 씨는 추석날 자신을 바라보던 수많은 눈동자와 표정과 목소리까지 전부 다 기억하고 있었고, 사춘기가 되면서 친구들이 던지는 놀림과 장난이 추석의 기억과 비벼지면서 지혁 씨를 방안에 가둬 버리게 되었다.

여섯 살 지혁 씨는 자신을 자랑하고 싶어 하는 엄마의 마음을 알았고, 자신도 무언가를 잘할 수 있다는 것을 보여 주고 싶기도 했다. 추석의 분위기를 망치고 싶지 않아서 용기를 내서 재롱을 보였지만 자신의 마음과는 달리 자신을 장난감처럼, 광대처럼 바라보는 시선을 견딜 수가 없었던 것이다.

성인이 된 지혁 씨가 그날 여섯 살이었던 지혁 씨를 만난다면 무슨 얘기를 해주고 싶은지 물었다. “안 하고 싶으면 안 해도 돼…. 그래도 진짜 잘했어!"라고 말해 주고 싶다고 했다. 반대로 여섯 살 지혁이가 어른이 된 지혁이를 만난다면 무슨 말을 할 것 같은지 묻자 "겁내지 말고 하고 싶은 거 다 해봐!"라고 했다.

나 자신을 사랑하자

어린 앨버트 실험이 있다. 부드러운 감촉을 느끼기 위해 손을 뻗을 때마다 징을 치자 어느 순간부터 아이는 부드러운 감촉이 나는 어떤 것도 만지지 못하게 된다. 지혁 씨처럼 경험과 학습으로 만들어진 공포심은 좋은 경험으로 소거시키거나 대체시켜야 한다. 무기력에 빠진 사람을 긍정적으로 살게 하는 방법이 긍정적인 경험을 반복시키는 것과 같은 원리이다. 흙모래가 가득한 그릇에 끊임없이 맑은 물을 부으면 언젠가는 흙먼지가 다 날아가고 맑은 물만 남는 것과 같다.

"너는 왜 남들과 다르니?" "너는 왜 남들처럼 친구를 못 사귀니?" "너는 왜 남들처럼 자신감 있게 생활을 못 하니?"가 아니라 다름을 이해하고, 혼자 있음을 배려하고, 자신감 없는 모습에서도 긍정적이고 당당한 모습을 찾아 주어야 비로소 관계 속으로 스며들 수 있는 것이다.

인간혐오증이 있는 사람이 가장 싫어하는 사람은 타인이 아니라 누구와도 섞이지 못하고, 어울리지 못하는 본인일 가능성이 가장 높기 때문에 자신을 사랑할 수 있도록 해주어야 비로소 인간혐오증은 사라질 것이다.

《내 이름은 나답게》라는 동화책에서 자신의 지위, 재산, 권력을 말하는 어른보다 "내 이름은 나예요"라고 말하는 아이가 훨씬 멋져 보인 이유도 바로 자신을 사랑한다는 것이 느껴지기 때문이다.

지혁 씨는 자신이 얼마나 소중하고 귀한 사람인지를 상담 안에서 거듭거듭 확인받았고, 상담이 끝나 갈 무렵 죽겠다는 말 대신 살아봐야겠다고 다짐하면서 여섯 살 지혁이의 두려움을 충분히 보듬어 주고 상담실을 나갔다. 자신이 선택한 사람과 자신이 원하는 방식으로 살아 나갈 것을 이제는 믿어 의심치 않는다.

절박함이란…

결핍에서 피어나는 간절함

"I'm still hungry!"

2002년 월드컵에서 대한민국 축구대표팀은 기적처럼 4강에 진출했고, 모두의 예상을 깨고 얻은 4강 진출이라는 값진 결과에 대한 인터뷰에서 대한민국 축구대표팀의 수장인 히딩크가 남긴 이 한마디는 두고두고 회자될 정도로 유명해졌다.

간절함에 대한 얘기를 해보려고 한다.

국민학교를 졸업하고 중학생이 되기 전 겨울방학에 나는 일생일대의 도전을 해보기로 결심했다. 태어나 처음으로 학원이란 곳에 다녀 보는 것이었다.

내가 태어나 자란 곳은 차도, 학원도 없는 섬이었다. 그러니 고등학교를 졸업할 때까지 자동차보다 소 구경할 일이 더 많고, 과자보다는 고구마나 감자를 더 많이 먹었으며, 문제집 푸는 시간보다 해루질하는 시간이 더 많았다.

부모님은 학원을 보내 달라는 때아닌 딸의 요구를 쉬이 허락하지 않았다. 한 달만 학원에 다니게 해주면 평생을 풀어먹겠다고 작은 눈 가득 간절함을 담은 딸자식의 소원을 부모님은 들어줄 수밖에 없었다. 나는 한 달 동안 타자를 배웠다. 작은 손가락이 자판 사이로 숭숭 빠지며 생채기를 입기도 했지만 나는 한 달을 꼬박 채우고 다시 섬으로 왔다. 그리고 타자 치는 법을 잊지 않기 위해 종이에 자판을 그려서 연습하고, 친척 언니가 상고를 졸업하면서 버리려던 타자기를 얻어 와서 밤이 새는 줄도 모르고 타자를 쳤다.

살면서 돈을 내고 무언가를 배웠다는 기쁨과 나의 손끝에서 한 자 한 자 새겨지는 글씨들의 향연이 주는 성취감은 말로 형용하기 힘들 정도였다. 내 손으로 할 수 있는 것이 하나 더 늘었다는 것에서 오는 그 기쁨은 그다지 예쁘지 않고, 그다지 똑똑하지 않던 나에게 스스로를 긍정적으로 생각하는 자존감에 큰 도움이 되었다.

어느새 삼십수 년이 지난 그 한 달의 배움, 그날의 간절함 대로 나는 그때 배운 타자를 기반으로 글을 쓰고, 보고서를 쓰고, 과제를 하고, 상담일지를 쓰면서 살아가고 있다.

그리고 그때의 절박함을 나는 아이들에게도 그대로 실천했다. 먼저 말하기 전에 학원 보내지 않기, 간절히 원하면 그 간절함으로 부모를 설득하도록 하기, 그리고 스스로 원하기 전에는 강요하지 않기!

세상 느긋한 큰아이는 검도와 태권도를 끝으로 4학년 이후로는 학원에 다니지 않았다. 공부와는 담을 쌓았다고 철석같이 믿었던 큰아이가 고등학교 1학년 때 갑자기 수학 학원에 보내 달라고 해서 왜 학원에 다니고 싶은지 설명과 함께 설득을 해보라고 했다. 수학은 내내 공부하던 아이들도 따라가기 힘든 과목이건만, 중학교 때 19점을 맞아온 수학을 고등학교 때 학원 다니면서 메운다는 건 말이 되지 않았다. 그럼에도 아이는 며칠을 엄마 꽁무니를 따라다니면서 조르고, 설명하고 애원했다.

'제발 보내 주세요!'

아이 목소리와 눈동자에서 간절함이 느껴졌기에 학원에 등록을 해줬다. 몇 년간 놓고 있던 수학을 다시 배우고, 수준에 맞게 따라가기가 쉽지 않았지만 아이는 굉장히 열심히 공부했고, 생전 처음으로 수학 시험을 풀어 보겠다고 시험지를 붙들고 있다가 마킹 시간을 놓쳐서 백지 답안지를 낸 뒤 집으로 돌아와 엉엉 울기도 했다.

그리고 본인 말 대로 서울 안에 있는 4년제 대학에 붙었다. 동기, 선배들과 얘기하면서 초중고를 본인처럼 놀기만 한 아이들이 없었다고, 그리고 학원에 보내 달라고 무릎 꿇고 싹싹 빌어 본 사람도 본인이 유일하다고 말한다. 물론, 이 아이 인생을 성공이라고 말할 수는 없다. 중요한 것은 사람을 성장시키는 것은 약간의 결핍, 그 안에서 피어나는 간절함이다.

아이들에게 부족한 것은

지금 많은 부모들은 자신들의 현재 삶에서 오는 불만족의 이유를 더 배우지 못해서, 더 열심히 노력하지 않아서, 충분히 지원해 주는 부모를 만나지 못해서, 정보가 부족해서라 여긴다. 그런 이유로 자녀들에게 공부를 강요하고, 자녀의 학원비를 위해 일을 하면서 그렇게 해주는 것만이 최선이라고 스스로 위안 삼는다. 부모 뜻대로 되지 않는 아이를 보면서 "왜 너는 최선을 다하지 않냐?"고 윽박지르면서 결국 공부도, 관계도, 인생도 다 무너뜨리고 있다.

상담에 오는 많은 아이, 성인 중에 부모와의 관계가 갈등과 문제의 시작인 경우가 많다. 격려는 없이 윽박만 지르던 아버지, 얼굴만 보면 공부 얘기뿐인 엄마, 어떤 결과에도 만족하지 못하고 채찍만 휘두르던 부모, 자녀의 성적에 일희일비하던 부모를 보면서 아이들은 성취감보다는 좌절을 맛보고, 긍정적 경험보다는 무기력을 경험하게 되며 결국 행복을 경험하지 못하고, 자존감은 바닥을 치게 된다.

히딩크가 대한민국 축구를 4강에 오르게 한 것은 강요가 아니었다. 꿈이었다. 꿈은 반드시 이루어진다는 간절함을 이끌어 낸 것이다.

배를 바다로 나가게 하는 것은 만선의 꿈이다. 스스로 목마르다고 느껴 본 적이 없는 아이는 물의 중요성을 알 수 없고, 목마른 사람이 우물 판다는 속담도 이해할 수 없다. 그렇기에 학원비에 대해서, 공부에 대해서, 미래에 대해서 걱정하지 않게 되는 것이다.

내 아이가 인지·정서적으로 특별한 문제가 없다면 아이들이 보고, 듣고, 경험하고, 스스로 느낄 때까지 기다려야 한다. 아이들이 경험해야 할 절박함의 점수가 움직일 수 있는 동기로 차 오르기 전에 부모의 절박함으로 밀어붙이거나, 불안으로 몰아세우는 행위는 결국 좋은 결과 또는 고마움보다는 관계의 악화, 자존감의 하락, 불안으로 나타나게 될 것이다.

아직도 배가 고프고, 배고픔을 느껴 본 아이만이 밥 짓는 법을 배우고,

벼 키우는 법을 배우고, 밥의 소중함을 안다는 것을 기억해야 한다. 세상이 바뀌고 문화가 바뀌어도 부모의 역할은 기다려 주고, 버텨 주는 것이다.

분리불안장애

엄마랑 헤어지기 싫어요!

올해 여덟 살인 지연이 엄마는 지연이의 초등학교 입학을 앞두고 고민이 많다. 지연이 학교에 가지 않겠다고 매일 떼를 쓰고 있기 때문이다. 맞벌이하면서 하나라도 제대로 키우자 싶어서 둘째를 낳지 않았지만 그래서인지 지연이는 어릴 때부터 유난히 응석도 심했다. 엄마와 떨어지기 싫어해서 돌이 지나서 어린이집에 보내긴 했지만, 아침마다 전쟁 아닌 전쟁을 치러야 했다.

시간이 지나면 자연스럽게 해결될 거라 여겼지만 지연이는 커갈수록 엄마에게서 떨어지는 것을 싫어했고, 집에 오면 잠이 들 때까지 엄마 뒤를 졸졸 따라다녔다. 자신에게 온전히 의지하는 아이를 보면서 엄마로서 책임감과 보람을 느끼기도 했던 엄마 역시 조금씩 지쳐 가고 있었다. 그러다가 남편의 발령으로 이사를 하게 되었을 때 지연이의 엄마에 대한 집착은 극에 달하게 되었다.

단 한시도 떨어지려고 하지 않았고 토할 때까지 우는 바람에 어쩔 수 없이 엄마는 휴직하고 아이와 6개월을 보내면서 그동안 하지 못했던 것들을 충분히 나누었다. 하지만 복직을 앞두고 6개월 동안 애쓴 것들이 무색하게 지연이는 다시 예전으로 돌아가 버렸다. 그래도 학교 갈 때쯤이면 당연히 좋아질 거라고 기대했다. 취학통지서를 받은 날부터 학교에 가지 않겠다고 떼를 쓰고 울어 대는 지연이를 어떻게 해야 할지 막막해져 버렸다.

분리불안장애

초등학교 입학을 앞두고 지연처럼 분리불안을 호소하는 아이들은 의외로 많다. 어린이집에 가지 않겠다고 울고 떼쓰는 정도는 애교로 봐줄 수 있을 만큼 6학년인데 혼자 화장실을 못 가고, 중학생이 집에 혼자 있지 못하는 아이들도 있다.

양육자와 떨어져 있기를 싫어하고, 집에서 멀어지는 것을 싫어하고, 집이 아닌 다른 곳에 가야 한다는 생각만으로도 불안을 경험하고 걱정하는 상태를 우리는 '분리불안장애'라고 부른다.

분리불안장애는 왜 발생하고 어떻게 해야 나아질 수 있을까? 아이들은 태어나서 36개월이 될 때까지 다양한 발달 과정을 경험하게 된다. 오직 나밖에 모르던 '자폐'적 시기를 지나면, 엄마와 공생하는 단계를 지나서 마치 병아리가 알에서 깨어나 새로운 세상을 경험하게 되듯 자신이 엄마와 다른 존재라는 것을 깨닫게 되는 '부화' 단계가 있고, 기고 걷게 되면서 세상을 탐색한 뒤 다시 엄마에게도 돌아와 위안을 얻는 연습의 시기를 경험하게 된다. 이때 스스로 걷고, 기고, 만지는 경험 속에서 자신이 모든 걸 할 수 있을 것 같은 '전능감'을 경험하기도 한다. 이후 사춘기 아이처럼 엄마로부터의 독립과 엄마에게 의존하고 싶은 양가감정을 경험하게 되고 이 시기를 성공적으로 보내고 나면 비로소 엄마(또는 사물)가 눈에 보이지 않아도 존재한다는 대상항구성을 갖게 된다. 즉 엄마와 물리적으로 떨어져 있어도 엄마는 항상 마음속에 존재하며 눈에는 보이지 않지만, 그 엄마로부터 안정되고 따뜻한 지지와 위안을 얻게 되는 것이다.

하지만 위와 같은 촘촘한 발달 과정에서 어느 한 시기라도 성공적이지 못했거나 긍정적이지 못했다면 아이는 '대상항구성'을 확립하기 어렵다. 엄마가 눈앞에 있을 때만 존재한다고 경험하고, 눈앞에 있어야 비로소 심리적인 안정과 위안을 얻게 되는 것이다.

그러니 지금 아이가 보이는 분리불안은 원인이 아니라 '현상'인 것이다. 이런 현상을 수정하기 위해서 주로 제안되는 방법은 행동적인 수정 방법이다. 즉 아이와 조금씩 멀어지는 연습을 해보는 것이다. 처음에는 교실 안에 있다가, 그다음에는 교실 밖에 있다가 다시 복도에서, 교문에서, 학교 앞 슈퍼, 그리고 집까지 서서히 아이와의 물리적·심리적 거리를 벌려 가면서 아이에게 적응할 수 있는 시간을 주는 것이다.

단 주의해야 할 것은 멀어지는 속도와 거리는 엄마의 기준이 아닌 아이의 기준이어야 한다. 또한 이 과정이 하루 단위가 아니며, 완전히 안정화될 때까지는 멀어졌다가 가까워지는 과정이 반복될 수 있다는 것이다.

다른 방법으로는 놀이를 통해 미리 학교에 가는 연습을 해보고, 그 안에서 발생할 수 있는 어려움을 예상하고 대처 방법을 찾아보는 것이다.

일상에서 아이가 엄마와 떨어졌을 때를 찾아 그때 경험했던 감정과 정서를 찾아 이야기를 나누고 대처법을 찾아보는 방법도 있다. 여기에서도 주의할 것이 바로 아이가 경험한 정서를 엄마의 시선으로 평가하거나 판단하지 말고 공감과 위로, 지지와 격려가 필요하다.

지연이 "학교가 무서워"라고 했을 때 엄마는 "학교가 뭐가 무서워. 선생님도 있고, 친구들도 있는데…"라며 지연이의 감정을 공감해 주지 않고 오히려 지연이 느끼는 감정이 잘못되었다고 말해 버리는 오류를 저지른 것이다. 아이가 이런 말을 할 때 부모는 일단 아이의 말을 들어 주고 존중해 주어야 한다.

"우리 지연이는 학교가 무섭구나! 학교가 왜 무서운지 엄마한테 말해 줄 수 있어?"

이에 대해 아이가 대답하면 하나하나 반박하지 말고 이렇게 말해 주면 된다.

"지연이가 말한 대로 운동장이 무섭다면 엄마랑 아빠랑 같이 가서 무서운 게 있는지 살펴보면 어떨까? 지연이는 엄마 뒤에 있어도 돼!"

그리고 공간이 아닌 학교라는 제도, 즉 공부를 하고, 선생님 말씀을 잘 듣고, 친구를 사귀는 것들에 대해 너무 많이 주입하거나 압박을 줘서도 안 된다. 엄마의 말을 잘 들어야 한다고 생각하는 아이에게 엄마의 말은 곧 법과 같다. 그런데 자신이 학교에 가서 공부를 잘하지 못할까 봐, 선생님과 잘 지내지 못할까 봐, 친구를 잘 사귀지 못할까 봐 자신이 없고 걱정되는 아이들은 그런 상황이 벌어지기 전에 그 상황을 피하고 싶을 수밖에 없다.

아이들의 첫발을 응원하며

지연이는 놀이치료와 4명이 함께하는 사회성 훈련 놀이를 통해 입학을 위한 준비를 시작하게 되었다. 다행히 친구들에게서 들은 긍정적인 피드백과 선생님의 지지와 위로를 통해 학교생활에 대한 호기심도 갖게 되었다.

인생에는 다양한 이벤트가 있고, 어떤 일이건 첫 단추를 잘 끼우는 것이 중요하다. 초등학교 입학은 부모에게는 진짜 '학부모'가 되는 경험이면서 육아에서 벗어나는 해방감을 주지만 아이들에게는 온전히 새롭고 낯선 세상에 첫발을 딛는 경험이다. 새로운 경험이 설레기도 하지만 두렵고 떨리기도 한다. 아이들이 두렵다고 말하는 것은 하기 싫다고 말하는 것이 아니다. 그럼에도 아이가 두려움을 새로움으로 변화시키고, 떨림을 설렘으로 변화시킬 수 있도록 부모는 안정된 지지와 위로를 줘야 한다.

아이에게 학교 갈 준비가 되었는지 안 되었는지를 묻기 전에, 아이가 새롭게 첫발을 딛는 과정마다 안정되고 따듯한 지지와 공감, 위로와 격려를 줄 준비가 되어 있는지를 먼저 점검하는 부모가 되어야 할 것이다.

문제를 일으키면 다 품행장애일까?

비행 및 범죄를 저질러서 경찰서로부터 연계된 청소년들을 대상으로 매월 1회 3일에 걸친 선도 프로그램이 진행되고 있다. 절도에서부터 추행, 사기, 공문서부정행사, 점유물이탈횡령, 감금, 특수절도 등 다양한 사유로 적게는 5명에서부터 많게는 10명까지 프로그램에 참여한다. 잘 몰라서, 때로는 들키지 않을 것 같아서 저질렀던 행동으로 인해 프로그램에 참여한 아이들 중 범죄적 기질과 비행 성향을 갖고 태어나는 아이는 없다.

오히려 너무 착해서, 지능적인 문제로 판단 능력이 떨어져서, 보호받지 못해서, 친구를 위해서, 그렇게 해야만 하는 줄 알고 하는 아이들이 더 많다. 세상을 살아갈 때 필요한 규칙을 알려 주는 사람도 없었고, 착하게 살아야 한다는 말 뒤로 눈을 속이고, 타인을 이용하는 모습을 보았고, 매스컴에서는 물질만능주의·금전만능주의를 외치며 아이들에게 수단과 방법을 가리지 말고 돈을 최고라는 인식을 심어 주면서 수학책 너머에서 도박 사이트를 드나들게 만들었다. 아이들이 저지른 비행과 범죄를 두둔하는 건 아니다. 다만 아이들이 왜 그렇게 되었는지를 고민해 보고자 한다.

폭력으로 세상을 경험했던 아이

'청소년비행'이라는 단어를 들을 때마다 떠오르는 얼굴이 하나 있다. 몇 년 전 대중교통 안에서 어르신에게 하면 안 되는 행동으로 대한민국을 발칵 뒤집은 청소년이 있었다. 대한민국 모든 사람들에게 욕을 듣던 그 아이는 사건 이후 경찰 연계로 나와 만나게 되었다. 그 아이의 첫인상에서 범죄나 비행을 찾아보기 힘들었다. 오히려 순진했고 사랑받으려는 욕구가 강한 모습을 보였기에 사건을 접하고 누구보다 놀랍고 당황스러웠다. 그 아이를 잘 모르는 사람들은 "저런 아이들은 사회악이니 교도소에 넣어야 한다"라고 목소리를 높였고, 누군가는 나에게 "저런 아이 상담하느라 너무 무섭고 겁났겠어요"라고 위로를 건네기도 했다.

두 살 때 아빠의 가정폭력으로 엄마가 집을 나간 뒤부터 아빠는 단 하루도 빠짐없이 집 나간 엄마 대신 아이를 때렸다. 아이는 살기 위해 이곳저곳에 도움을 요청해 봤지만, 그때뿐이었고 살려 달라는 아이의 외침이 커질수록 아버지의 폭력 또한 가혹해졌다. 벌금이건 조사가 됐던 그 모든 과정 뒤에 아이는 다시 아빠에게로 돌아가야만 했다. 대한민국에서 돌아갈 곳이 자신에게 폭력을 행사하는 아빠뿐이라는 잔인한 현실은 중학생이 될 때까지 바뀌지 않았다.

아이의 몸에는 행복하고 좋아서 웃었던 날들의 기억보다 서럽고 아팠던 날들의 흉터가 여기저기 진하게 남아 있었다. 초등학교 때까지 아버지의 매질을 당하고만 있다가 중학생이 되면서 맞지 않으려면 도망가야 한다는 걸 알게 됐고, 집을 나온 뒤에는 당장에 끼니를 해결하고, 자신을 때리지 않고 받아 준 친구·형들과 어울리기 위해 비행에 빠져들었다.

자전거를 훔쳐서 팔려다 걸린 아이에게 프로그램에 참여해야 한다고 전화했을 때 아이는 "안 갈 건데요? 못 가는데요?"라는 말로 자신이 절대 만만치 않은 존재임을 피력했다. 이런 아이들을 다루는 게 상담사의 특기라면 웃길 수도 있지만, 어떻게든 반응을 보인다는 건 저항이면서 긍정적인 사인이었다. 밖으로 뿜어내는 에너지가 있는 아이들은 그 에너지의 방향을 1도만 바꿔 줘도 시간이 지날수록 엄청난 변화를 기대할 수 있다. 다만 폭력에 장기간 노출되었거나, 부정적 정서가 강한 아이들을 대할 때는 몇 가지 규칙이 필요하다.

- ☑ 혼을 내면 안 된다.
- ☑ 가르치려 하면 안 된다.
- ☑ 비난이나 평가하면 안 된다.
- ☑ '네가 문제다'라는 낙인을 찍으면 안 된다.

세상과 사람에 대한 신뢰는 물론이고, 존재 이유조차 아버지의 폭력으로 스러져 버린 이 아이에게는 이미 폭력과 비난, 평가와 협박은 너무나 익숙한 방식이다. 칭찬은 들어 본 적도 없고, 사랑은 받아 본 적도 없다. 아버지와 비슷한 방식을 사용하는 어른을 보면 아이는 감동하지 않고, 변화하지 않는다. '그럼 그렇지… 세상도, 나도, 어른도 다 별로다'라고 확신해 버린다.

한 번도 행복해 본 적 없는 사람은 우울을 느끼지 못한다. 처음부터 우울한 사람은 우울한 기분 외에는 느껴 본 적이 없기에 그냥 살아가게 되는 것과 같다. 부정적인 정서가 기본인 아이들을 부정적인 단어로 대하는 것은 언제든 울 준비가 되어 있는 아이의 뺨을 때린 격이다.

"하늘아(가명). 선생님이 너 오면 주려고 간식도 준비해 놨어. 네가 뭘 좋아할지 몰라서 편의점 가서 이것저것 사 왔는데 한번 구경 오지 않을래?"

이게 먹힐까, 싶지만 사실 먹힌다. 이렇게까지 해야 하나 싶지만, 이미 세상과 사람에게 너무 많이 맞은 아이를 누구 하나는 기다려 주고, 다독여 줘야 하지 않을까.

"아~씨. 지금 시내라서 못 가는데…."

"시내구나…. 어디? 선생님이 데리러 갈까?"

"아~ 됐어요. 창피하게, 그냥 제가 갈게요."

"그럴래? 혹시 뭐 타고 올 거야? 택시 타고 오면 쌤이 택시비 들고 나가서 기다려 줄게."

"됐어요. 언제 봤다고 택시비를 내줘요. 나도 그 정도는 있어요."

기특하게도 아이는 혼자 오지 않았다. 같이 사고를 치고, 같이 교육을 받아야 하지만 연락이 닿지 않던 아이들까지 전부 데리고 왔다.

"아~ 맛있는 거 사놨다더니 드럽게 맛도 없는 것만 사놨네…."

그러면서 입은 웃는다.

"이거 다 네 거야. 어때?"

1시간은커녕 10분도 남의 말 듣기 싫어하고, 그래서 학교도 나가지 않고 사고를 쳤던 아이가 지각없이, 사고 없이 3일간 진행된 프로그램과 개인 상담을 이수하던 날이었다.

"하늘아! 배고프면 쌤한테 전화해, 알겠지? 훔치면 안 돼!"

"이제 그런 거 안 해요. 나 완전 착해졌어요."

그 아이가 두 달 만에 뉴스의 머리기사를 장식했을 때 드는 생각은 '사고 안 친다더니 역시 속았어'가 아니었다. '누가 또 이 아이에게 과자를 사줬을까?'였다.

과자 몇 개에 친구들까지 다 데리고 왔던 아이가, 칭찬 몇 마디에 금세 "선생님 제가 또 뭐 도와드릴까요?" 했던, 사랑과 관심에 목말랐던 그 아이를 '누가 또 거짓 칭찬과 관심으로 꼬드겼을까?' 하는 것이다.

어른의 '낙인'과 아이의 '문제'

사람들은 그 아이를 품행장애라고 불렀고 온갖 뉴스와 미디어에서는 앞다퉈 품행장애를 대서특필하면서 전문가까지 초빙해 의견을 묻곤 했다. "요즘 아이들은 예의가 없고, 어른을 몰라보고, 타인을 배려할 줄 모르며, 이런 아이들이 커서 사회의 악이 된다. 그러니 애초에 싹을 잘라야 한다"고 했다.

그 아이의 행동은 품행장애가 맞을 수도 있다. 하지만 품행이 뭔지, 예의며 배려가 어떤 건지를 경험해 본 적 없고, 기회조차 얻지 못 한 채 살아왔다. 그 아이를 이대로 두면 어른들이 염려하는 그런 사람으로 살게 될지도 모른다. 하지만 그 아이가 그저 힘이 없고 작은 아이였을 때, 그

작은 몸으로 아빠의 모진 매를 감당하고 있을 때, 그 아이는 누구에게도 도움을 받지 못했다.

품행장애를 갖고 세상에 태어나는 아이는 없다. 기질적으로 자극 추구가 높게 태어날 수는 있지만 정서와 사회성뿐 아니라 성격까지도 환경의 영향이 크게 작용한다. 아이 때 충분히 돌봄 받지 못하고, 적절한 정서 자극도 없이 방치되고, 아무리 울어도 돌아봐 주는 사람 하나 없이 살아왔다. 세상을 살면서 되는 것과 안 되는 것을 구분하지 못해서 아이 때의 욕구와 표현 방식을 그대로 어른까지 가져오는 것, 그것을 우린 '정신병'이라고 부른다.

그러니 결국 품행장애는 어른과 세상이 만들어 냈다고 볼 수 있다. 어디 그뿐인가? 경계선성격장애, 반사회적성격장애, 자기애성성격장애, 연극성성격장애, 의존성성격장애, 강박성성격장애 등 우리가 흔히 알고 있는 그 모든 것들이 갖고 태어나기보다는 만들어졌을 가능성이 더 높다.

문제가 생겼을 때 해결을 위한 노력도 중요하지만 더 이상 문제가 문제로 끝나지 않도록 근본 원인을 찾아서 뿌리를 뽑아야 한다. 아직도 어리고 힘이 없는 상대를 향한 간섭과 잔소리를 사랑으로 포장하고 있지는 않은지. 부모니까 '그래도 된다'는 착각으로 손찌검하지는 않은지. 그저 부모 말을 듣지 않는다는 이유로 일방적으로 용돈을 줄이고, 핸드폰을 뺐고, 집을 나가라고 협박을 하고, 커서 뭐 되려고 그러느냐고 미래지향적 비난을 하고, 누굴 닮아 그 모양이냐고 존재를 부정해 버리고 있지는 않은지.

만약 그렇다면 내 안에 어떤 것들이 내 아이조차 온전히 품지 못하게 하는지 그리고 내가 아이에게 퍼붓는 비난으로 내가 뭘 얻는지 봐야 한다.

부모들은 자녀를 위해 남들이 안 해주는 말을 부모니까 했다고 표현한다. 말을 하는지, 뱉는지, 토하는지, 던지는지는 자녀 입장에서 살펴야 하고, 그 말이 나를 위한 말인지 자녀가 원하는 말인지 그리고 누구에게 전달하기 위한 말인지를 보고, 비난이나 평가인지 염려인지를 보았으면 한다.

청소년 사망원인 1위, 자살

상담사는 어떤 상황에서도 상담받는 내담자의 비밀을 지켜야 하며 이는 상담사 윤리규정으로 매우 엄격하게 관리되고 있다. 그럼에도 어쩔 수 없는 예외 상황은 있다.

첫 번째 내담자의 생명이 위험한 경우

두 번째 타인의 생명에 위해를 가하는 행위

세 번째 사회적 안전을 위협하는 행위

네 번째 치명적인 질병으로 타인의 안전을 위협하는 경우

이와 같은 상황에는 동의 없이 경찰이나 보호자에게 도움을 요청할 수 있다.

이런 경우가 아주 많지는 않지만, 그렇다고 전혀 없지도 않다. 특히 몇 년 전부터 청소년 자해가 급증하면서 자신의 얘기를 부모님이나 선생님께 절대 하지 말아 달라는 청소년이 많아졌다. 진짜 문제는 흔히 자해나 자살을 시도하는 청소년들이 가정형편이 어렵거나 정서적으로 문제가 심각하거나, 사회적으로 환영받지 못할 어떤 행동을 해서 자살·자해를 시도하는 것이 아니라는 점이다. 오히려 너무나 멀쩡해서 자해 흔적으로

가득한 팔뚝을 눈앞에서 보면서도 '네가 왜?'라는 생각이 들 정이다. 한마디로 기성세대의 상식을 깨고, 누구나 자해를 하고 가끔은 아이들 사이에 유행처럼 번지고 있다는 점이다.

아이들은 왜 자해를 할까?

문제가 생기면 아이들은 지금까지 살아온 경험치를 바탕으로 문제를 해결하려고 한다. 하지만 어릴 때부터 문자를 통한 지식은 배웠지만 경험을 통한 지혜를 쌓을 기회가 없는 지금의 아이들에게 문제는 책으로 글로 배워 본 적 없는 현실이고, 같은 문제라도 상황과 대상에 따라 다르게 작용하기 때문에 작은 문제만 생겨도 어찌할 바를 모른다.

가장 흔한 예로 사회성은 떨어지지만 힘이 센 아이들은 타인을 괴롭히는 행위로 친밀감을 드러내고, 힘이 약한 아이들은 그것이 부당한 행위임에도 '부당하다' '힘들다'는 목소리조차 내지 못하는 자신에게 실망하고 좌절하다가 결국엔 자신을 쓸모없는 인간이라 여기면서 자해하게 된다. 그뿐만 아니라 부모에게 야단을 맞거나 친구관계가 어려워지거나 성적이 떨어지거나 외모에 대한 작은 불만으로도 아이들은 거침없이 자해를 시도한다.

자해의 방법은 다양하다. 팔목에 상처를 내는 경우가 가장 흔하지만, 눈썹을 포함해서 온몸의 털을 뽑거나, 신체 여기저기에 일부러 상처를 내거나, 효과가 증명되지 않은 약을 과다 복용하거나, 유해 약물을 사용하는 경우도 있다.

미디어가 발달하고 스마트폰이 보급되면서 아이들은 다양한 정보를 쉽게 접하게 되고, 좋은 정보와 나쁜 정보를 구분하고 걸러낼 능력(미디어 리터러시)이 없는 아이들이 스마트폰을 켜는 것만으로도 쉽게 접할 수 있는 사이트에서 자해가 하나의 멋이고 훈장인 양 떠들어대고, 뼈가 드러날 정도로 자해한 영상을 영웅담처럼 올리면서 아이들을 자극하고 있다.

세상에는 죽을 일도, 죽을 짓도 없다

더불어 아이가 자해했다는 걸 알게 됐을 때 부모의 반응에 아이들은 또 한 번 좌절하고 만다. 자해를 했다는 건 일단 자살까지 가지 않았고 살아 있다는 증거이다.

무엇보다 아이가 살아 있음에 감사하고, 아이가 힘들었던 그 순간에 힘이 되어 주지 못한 것에 대해 미안함을 느껴야 하는데, 우리네 엄마 아빠는 아이가 얼마나 힘들었는지에는 관심이 없다. 그 순간에도 아이들의 안위보다는 부모의 체면과 명분이 더 중요해서 '부모 얼굴에 먹칠한 배은망덕한 자식'으로 아이들을 매도해 버리기 일쑤다.

너만 없어지면 돼!

한 가정에서 가족회의를 했는데, 주제는 공부를 못하는 고2 아들이었다. 가족이 다 모이자마자 아빠가 아들에게 "이 집에서 너 하나만 잘하면

큰소리 날 일이 없는데, 네가 제일 문제다"라고 말하는 순간, 아들은 더 이상 살 이유가 없다는 결론을 내리고 부모에게 실망을 주는 아들, 가족에게 문제만 되는 자신을 용서하지 않기로 한 것이다.

성적이 잘 나오건 못 나오건 공부를 하는 건 힘든 일이다. 힘들게 공부를 했는데, 성적이 마음같이 나오지 않았을 때 누구보다 힘든 건 본인이다. 그 마음을 알아주고 어루만져 줬더라면 얼마나 좋았을까. 하지만 사례에 나온 부모는 그러지 못했다. 더 강한 말과 더 매서운 비난으로 아이를 자극해서 결국 돌이킬 수 없는 결과를 가져온 것이다.

자해와 자살은 물론 다르다. 죽기를 바라는 건 아니지만 죽을 만큼 힘들다는 의미로 자신을 해하는 행위를 '비자살적 자해'라고 표현하고, 죽을 의도가 확실한 행위에 대해서만 '자살 시도'라고 표현한다. 하지만 죽을 의도가 없는 자해라도 방법이 치명적이거나 반복되면 자살로 이어질 수 있다. 성공지상주의 세상에서 성공하면 안 되는 것 하나! 그게 바로 '자살'이다. 그래서 자해나 자살을 생각하고 있는 청소년들과 상담할 때 현재의 상태뿐만 아니라 가족력, 과거 이력, 자살 생각, 계획의 치밀성과 도구의 치명성을 반드시 고려해야 한다.

"그렇다고 꼭 부모 가슴에 그렇게 대못을 박아야 했나?"라고 말하는 이도 있을 것이다. 세상에 죽을 일도 없지만, 죽지 못할 일도 없다. 아직 이성적인 판단력이 완성되지 않은 아이들은 감정이 앞서서 충동적으로 행동할 가능성이 높고, 그래서 청소년 자해와 자살이 다른 연령보다 위험하다.

어릴 때부터 문제가 발생했을 때 충분히 고민하고, 다양한 대안을 찾아 적용해 볼 수 있도록 안내해 주고, 아이들이 스스로 해결해 보고 실수를 만회하도록 기다려 주는 부모였더라면 이런 상황을 만들지 않았을 것이다. 또한 문제가 생겼다고 해서 '사느냐 죽느냐'의 극단적인 방식을 선택하고 시도하는 아이들도 없을 것이다.

청소년 자살은 충동적이다

여기에서 주목해야 할 점은 청소년 자살·자해의 특징으로, 사전에 어떤 계획이나 사인이 없다는 점이다. 사전에 계획을 하고, 소중한 물건을 타인에게 주고, 죽음에 관한 말들을 하는 것이 보통이지만 청소년들은 사전에 계획하지 않고, 굉장히 충동적인 경우가 많다. 거기에 자신이 좋아하는 연예인이나 유명인이 자살했을 때 '베르테르 효과'로 인해 따라 하는 경우까지 있다.

'저런 사람도 죽는데, 나 같은 게 살아서 뭐 해!'

'내가 좋아하는 오빠(또는 언니)가 없는 세상은 더 이상 살 의미가 없어!'

그래서 비슷한 방법, 비슷한 고민을 가진 청소년들이 자살을 시도하고, 실제로 성공해 버리는 경우가 많다.

아이가 자해를 했을 때 부모는 "해 달라는 거 다 해주는 데 지가 뭐가 힘들다고…"라는 반응을 보인다. 그 말이 틀린 건 아니다. 부모 입장에서 보면 좋은 옷, 좋은 음식, 필요하다는 건 뭐든 다 해줬는데 뭐가 그리 힘들까 생각되겠지만, 아이 입장에서는 어떨까? 해 달라는 건 다 해주지만 정작 결과 위주로만 평가하고, 주변 사람과 비교하고, 자식의 문제를 부모의 문제로 가져가서 싸워 대는 부모를 보면서 과연 '싫다' '좋다' '힘들다'는 목소리를 제대로 낼 수 있었을까?

아이들을 자해로 내모는 부모의 특징에는 어떤 것이 있을까?

- 지지와 격려는 없고 비난과 평가만 있다.
- 과정에 대한 격려는 없고 결과에 대한 평가만 있다.
- 신뢰는 없고 통제와 압박만 있다.
- 모든 문제의 원인을 자녀에게 돌리고 자녀의 모든 것을 다 결정해 주려고 한다.
- 부정적인 사고방식을 갖고 있다.
- 부모 자신이 자존감이 낮아서 타인의 평가에 민감하다.
- 자녀를 통해 자신의 인생을 보상받으려 한다.

문제가 발생하면 그것을 일으키는 유발요인, 유지하는 유지요인, 문제로 터트리게 만드는 촉발요인이 있다. 열이 난다고 모두 감기가 아니듯 아이가 자해를 했다고 그것이 모두 아이들의 문제는 아님을 알아야 한다.

그리고 아이가 자해를 했을 경우 절대 방심해서는 안 된다. 반드시 긴급상황 시 도움을 받을 수 있는 안전망을 확보하고, 문제가 발생했을 때 해결할 수 있는 방안을 마련해 두어야 한다. 삶에서 가장 중요한 것은 '생명'이며, 아이들은 그 자체로 충분히 사랑받고 존중받을 가치가 있음을 평소에 알려 주는 안전조치가 가장 기본이다.

아무리 이쁘게 보려고 해도 내 아이가 이뻐 보이지 않고, 이쁜 구석이 없어서 말을 할 때마다 비난과 무시, 평가, 비교하게 된다면 우선 부모의 정서적 취약성부터 점검해 보길 바란다. 생명은 어떤 가치보다 귀하고, 소중하다. 아이들에게는 네가 얼마나 부족한가를 알려 주는 사람보다 네가 얼마나 귀한 사람임을 알려 주는 온전한 부모가 필요하다는 것을 잊지 말아야 할 것이다.

갈 곳 없는 아이들

아이들은 어디에

여름방학 중임에도 놀이터나 공원에서 아이들이 노는 모습을 찾아보기 어렵다. 그나마 어쩌다 보이는 아이들 역시 학원 가방을 메고 잰걸음으로 저만치 달아나 버린다. 아이들이 있어야 할 곳에는 비둘기 떼만 구구대며 다니고 있다.

학교에서 3년, 청소년 관련 기관에서 7년 정도 상담자로 재직하면서 가장 이해되지 않았던 것이 있다. 아이들은 학교가 끝나면 마땅히 갈 곳이 없다고 호소하고, 청소년 기관에서는 이용하는 청소년이 없다고 호소하는 현상이다.

학생은 교육부 소관이고, 청소년은 여성가족부 소관이다. 학교 안에서의 활동만 생활기록부에 기록되고, 대학입시에도 학교 안에서의 활동만 인정받기 때문에 아이들은 굳이 학원 시간까지 할애하면서 외부 활동을 할 이유가 없다. 그 활동이 아무리 청소년의 성장에 도움이 되고 좋은 프로그램이라고 해도 말이다.

청소년수련관, 청소년문화의집, 학교밖청소년지원센터, 청소년상담복지센터, 스마트쉼센터 등의 공공기관에서는 청소년들을 위해 최고의 시설을 만들고, 프로그램을 기획해도 이용하는 청소년이 없다 보니 운영되지 못하고 폐지되는 경우가 많다고 호소한다. 이뿐만 아니라 청소년운영위원회, 청소년참여위원회, 청소년특별위원회 등 공공기관과 국가에서 청소년들의 다양한 활동과 청소년정책 마련에 청소년이 직접 참여하도록 만들어 놓은 기구 역시 청소년을 모시기가 하늘의 별 따기라고 한다.

외부 활동의 경우 아무리 성실하게 잘 참여하고 실적을 내더라도 학교생활기록부에는 한 줄도 기재되지 않고, 활동으로 인정받지 못하기 때문에 차라리 그 시간에 학원 가서 공부하는 게 낫다고 생각한단다. 좋은 대학에 가고 좋은 대학에 가야 사람들로부터 훌륭한 학생이라고 인정받기 때문이다. 얼마나 많은 체험과 경험을 하고, 얼마나 많은 봉사를 했고, 얼마나 헌혈을 했는지는 인정받지 못하고 있다.

상담에 오는 아이들에게 "지금 가장 열심히 해야 하는 게 뭘까?"라고 물으면 대부분은 공부라고 말한다. 공부해야 하는데 공부가 되지 않아서 힘들고, 공부를 못해서 무시당하고, 공부를 못해서 부모님도 자신을 싫어한다고 말한다.

기능을 잘하는 사람은 삶에서 본질과 본질이 아닌 것을 잘 구분하는 사람이다. 그리고 어른은 아이들에게 그런 것을 알려 주는 사람이어야 한다. 살아가면서 공부도 중요하지만, 더 중요한 것은 건강임을 말해 줘야 한다.

청소년 시기에는 신체건강과 정신건강, 진로에 관한 탐색과 준비가 중요하며 사람들과 소통하고 화합하며 살아가기 위한 사회성과 대인관계 기술도 필요하고, 무엇보다 자기이해가 중요하다. 어떤 성향인지, 어떤 정서가 주를 이루는지, 어떻게 표현하고 어떻게 피드백하는지 알아야 세상을 살아가는 데 무리가 없다고 말해 주어야 한다.

지금 아이들은 학업 스트레스, 외모 스트레스, 성격 스트레스, 친구관계에서 발생하는 스트레스뿐만 아니라 사춘기라는 과도기적 시점을 보내면서 자신도 모르게 경험되는 감정에 이름 붙이지 못하고, 해결할 줄도 모른다. 공부만 잘하면 그런 것들은 아무것도 아니라고 주입하기도 한다. 그러니 작은 자극에도 쉽게 흔들리고 굉장히 크게 터트리면서 자신과 타인 모두를 다치게 한다.

본질은 무엇인가

초등학교에서 교사로 재직 중인 김인내 선생님은 하루에 열두 번도 넘게 어금니를 꽉 깨문다. 한 해 두 해 시간이 갈수록 아이들은 교사의 지시를 따르지 않고, 부모들의 요구사항은 많아지고, 교사의 역할은 더 많아지면서 천직으로 생각했던 교사라는 직업에 대한 회의감이 밀려온다.

교사 한 명이 맡고 있는 학생이 적게는 20명에서 많게는 35명 정도다. 부모도 감당 안 되는 아이, 하루 종일 누군가의 온전한 돌봄이 필요한 아이, 어른에게 적대성을 갖고 있거나 사회성을 배우지 못해 타인을 배려하고 소통하지 못하는 아이, 우울감 때문에 교실 구석에 웅크리고 있는 아이까지… 수많은 아이를 교사 한 명이 다 감당할 수는 없다. 또한 그 아이들에게는 공부보다 다른 것이 더 필요할 수 있다.

교사가 모든 것을 다 가르칠 수 없다. 아이 한명 한명에 대해 다 알 수도 없다. 다 책임질 수 없음에도 학생에 대한 인권침해, 아동학대로 취급해 버리는 경우를 종종 보면서 더 긴장하게 되고, 몸을 사리게 된다고 했다.

갈 곳이 없는 아이들, 아이들이 없는 대한민국, 아이들의 참여가 간절한 국가기관과 공부만을 강요받는 아이들, 그리고 자아 정체감은 확립하지 못한 채 교실에서 문제를 일으키는 아이들과 교사로서의 회의감을 경험하는 선생님까지 문제의 원인은 다를지 몰라도 해결법은 결국 배려이다.

출생률 절벽 시대가 도래하고 있고 그로 인해 오지·낙도의 시골 학교뿐만 아니라 서울 한복판에 있는 학교도 폐교 위기에 놓였다는 뉴스를 본 적이 있다. 아이들이 공부에만 편중되지 않고 신체, 심리, 정서, 사회가 고르게 성장할 수 있도록 남는 교실과 건물에 청소년 관련 기관이 들어오면 참 좋겠다는 생각을 해본다.

학교와 같은 건물 안에 청소년 관련 기관들이 있으면 아이들 입장에서는 접근성이 좋고 다양한 활동에 참여할 수 있으며, 부모 입장에서는 취미나 특기 활동을 위한 비용 부담이 적고 아이들의 이동이 없어 안전성도 보장된다. 또한 활동에서 좋은 성적을 내서 상을 받으면 성취감도 경험할 수 있고, 공통 관심사나 취미활동으로 사회성 발달 및 친구관계도 두터워질 수 있다.

아이들을 위한 정책은 아이들 입장에서 고려해 봐야 함이 맞다. 아이들이 건강해지면 결국 부모도 나라도 학교도 선생님도 아이들을 두려움의 대상이나 문제로 대하지 않아도 된다. 아이들의 외형이 아니라 내면이 성장해야 함을 어른이 인정하고 존중해 주어야 아이들은 비로소 온전한 인격체로 성장할 수 있다.

PART 2

소통:

내 것과 네 것이라는

경계에 대하여

아버지라는 이름으로 살고 있는 수많은 아버지에게

"세상에서 부모에게 인정받기가 가장 어렵다."

제목 없는 짧은 시 한 편이 눈을 사로잡았다. 이제 막 끝난 부모상담 때문인지도 모른다.

딸의 행동을 이해할 수 없다는 아빠와 아빠의 말과 행동 때문에 이제는 살고 싶지도 않다고 울먹이는 딸! 아빠는 그저 딸이 잘되기만을 바란 것뿐인데 모든 원망이 자신에게 쏟아지니 어떻게 해야 할지도 모르겠고, 가족을 위해 열심히 일한 것밖에 없는 그동안의 삶이 억울하게 느껴진다. 반면 딸의 입장은 학교생활, 친구관계로 힘든 지금 "그렇게 할 거면 다 때려 쳐! 힘든데 뭐 하려 하냐?"라는 아빠의 말이 자신을 쓸모없는 사람으로 만들어 버렸다고 했다.

부모이기에 자식이 잘되기를 바라는 마음은 한결같다. 하지만 부모의 잔소리 덕분에 성공했다고 말하는 사람을 본 적이 없다. 그럼에도 부모는 잔소리를 멈추지 못하고, 자신의 희망과 바람을 아이들이 이뤄 내야 할 사명인 것처럼 강조한다. 그러고는 말한다.

"다 너희들을 위해서 하는 말이야!"

부모라는 이름이 언제부터 아이들을 평가하는 기준점이 되어버렸을까? 누가 부모에게 아이를 자신의 축소판으로 대해도 된다고 했으며, 자신이 이루지 못한 꿈을 대신 이뤄 줄 아바타로 생각해도 된다고 했단 말인가? 그 말이 아무리 좋은 말이어도 상대가 원하지 않는 관심과 말은 폭력일 뿐이다. 아무리 몸에 좋은 보약이라도 입을 억지로 벌려서 들이붓는다면 고문이고 폭력이다.

아이들이 세상에 태어나 제일 먼저 만나는 대상이 부모이다. 부모를 통해 세상과 타인에 대한 신뢰를 배우고, 세상에 나갈 용기를 얻고 부모를 따라 하면서 남자 그리고 여자, 아빠 그리고 엄마의 역할을 배우기도 하며 '나도 저런 어른이 되어야겠다'고 준비한다.

그런데 세상에 있는 많은 부모는 자신의 인생에 충분히 만족하지 못한다. 그리고 자신과 같은 삶을 내 아이들이 반복하지 않기를 바라는 마음에 아이들의 성격과 진로, 대인관계를 재단해서 제한하고 아이들을 인큐베이터 호박처럼 천편일률적으로 키워 내려 한다.

어디 그뿐인가? 아이가 보는 앞에서 아이 인생을 놓고 부부가 싸우는 건 기본이고, 폭력을 행사하고, 풀리지 않는 감정들을 애먼 아이들에게 다시 던진다.

"들어가서 공부나 해! 으이그 지겨워!"

가족(FAMILY) = Father And Mother I Love You

상담에 오는 아버지들은 '부부싸움을 했다' '딸이랑 싸웠다' '아들이랑 싸웠다' 한다. 하지만 다른 가족들의 말은 다르다.

"물건을 던지고, 욕을 하고, 술 마시고 협박하고, 아들을 때리고, 골프채를 집어 들고…."

가족들을 향해 이런 행위를 하는 것을 싸웠다고 말한다면 단어의 정확한 개념부터 다시 배워야 할 것이다. 싸우는 건 힘의 크기가 비슷한 사람들끼리 문제를 해결하기 위해 주고받는 행위라서 싸움이 끝난 뒤 문제가 해결되지만, 폭력은 힘이 센 사람의 일방적인 행위로 상처와 아픔은 오롯이 약한 사람의 몫으로 남게 된다.

폭력을 행하는 사람은 "예전에 몇 번 그랬고, 지금은 안 그래요"라고 말하고, 당한 사람은 이렇게 말한다. "그때부터 이 사람에 대한 믿음이 깨졌고, 아이들도 그때부터 아빠를 무서워하고 피해요. 근데 사과도 안 하고 우리가 잘못했대요. 자신이 돈 벌어 오고, 가족을 위해 최선을 다하고 있는데 가족들이 자신을 무시한대요." 같은 공간에서 다른 경험을 하고, 다른 상처를 갖고 있는 이 사람들을 우리는 '가족'이라고 부른다.

하지만 정작 아버지들은 억울하다. 어쩌다 한 번인데 매일 그런 것처럼 사람을 매도하는 것도 억울하고, 다 가족들 잘되라고 한 것인데 그 마음을 몰라주니 억울하고, 설사 잘못했더라도 그동안 가족들을 위해서 뼈빠지게 일해 온 것을 하나도 몰라주는 것 같아 억울하다고….

억울함 = 억수로 울고 싶은 마음? 억지로 울지 못하는 마음?

내가 만난 최악의 가정이 있다.

남편은 일명 자수성가한 사람이고, 엄마는 아이들 양육에 최선을 다하는 사람이었다. 아이들은 머리도 좋아서 항상 상위권의 성적을 유지했고 각종 대회에서 상을 휩쓸었다. 누가 봐도 부유하고 완벽한 가정이었다. 그런데 그 가정이 깨지는 건 한순간이었다. 그렇게 말 잘 듣고 공부 잘하던 아이가 조현병 진단을 받고, 엄마는 우울증으로 매일 베란다 창문이 유혹하는 손짓에 흔들렸고, 동생은 자해를 멈추지 않았다.

이유는 남편의 폭력이었다. "내가 벌어 오는 돈으로 잘 먹고 잘사니까 내가 죽으라고 하면 죽는시늉까지 해야 한다"라고 가족들을 협박했고, 자신이 부르면 그곳이 어디건 5분 안에 집으로 와야 했다. 아이들의 성적이 나쁘면 엄마를 향해 여지없이 폭력이 쏟아졌다. 엄마는 맞지 않기 위해 아이들을 공부시켜야 했다. 말로 하지 않으면 때렸고, 잠도 재우지 않았다. 공부 때문에 스트레스를 받은 형은 동생을 시도 때도 없이 때리고, 죽여 버리겠다고 협박했다. 남편은 아이들과 부인이 피폐해지는 것을 보지 못했다. 오히려 손가락 하나 까딱 않고 먹고사니 배가 불러서 그렇다고 다시 가족들을 괴롭혔다. 비정상적으로 변해 가는 아이들을 보면서 이대로는 모두가 죽겠다는 두려움으로 부인이 남편에게 이혼을 요구했을 때도 "그동안 내가 다 먹이고 키워 놨는데 어딜 가느냐?"며 차라리 다 죽여 버리겠다고 협박했다.

큰아이는 조현병 진단을 받고 학교를 그만두고 입원 치료를 받았고, 작은 아이도 품행 문제와 자해로 입원 치료를 받았다. 엄마는 우울증 진단을 받고, 매일 수면제 없이는 잠에 들지 못했다.

모든 가정이 이와 같지는 않겠지만, 아버지의 모습에서 무엇이 잘못인지는 다들 이해할 수 있을 것이다. 가족은 소유물이 아니다. 힘이 있는 사람은 그 힘으로 약자를 보호해야 한다. 아버지는, 그리고 남편은 밖에서 '호인'이 아니라 내 가족을 우선으로 생각하는 '바람막이'가 되어 주어야 한다.

어떤 아버지가 되고 싶으세요?

세상에 아버지를 완벽히 마음에 들어 하는 자식은 없다. 아버지의 삶을 온전히 이해하기도 쉽지 않고, 아버지의 쓸데없는 고집과 아이 같은 행동은 더더욱 이해하기 힘들다.

몇 년 전 '아버지학교'를 운영한 적이 있다. 30대부터 50대까지 아버지 25명이 참석했다. 부인에게 끌려온 아버지, 아들이 문제를 일으켜서 도움을 받기 위해 온 아버지, 아이들에게 좋은 영향을 주고 싶어 온 아버지 등 사연은 제각각이었지만 아버지라는 이름은 같았다.

강사는 "어떤 아버지가 되고 싶으세요?"라는 질문으로 강의를 시작했다.

"아버지는 내 가족이 세상에 치이고 다쳤을 때 마지막에 찾아올 수 있는 마지막 보루다. 그때 '괜찮다' '애썼다' 말해 주는 마지막 존재가 바로 아버지다. 그러니 아이들이 찾아오지 않으면 내 아이들 잘 지내고 있나 보다 하면 된다. 살아 있을 때 대접받고, 존중받을 생각 하지 마라. 아버지는 죽고 난 뒤에야 비로소 그리워지고 찾아가게 되는 존재다. 살아 있을 때는 아이들에게 세상 살아가는 법을 몸으로 보여 주면 된다. 윗사람을 대할 때는 어떻게 해야 하고, 가족을 대할 때는 어떻게 해야 하고, 문제가 생기면 어떻게 해결해야 하는지를 온몸으로 알려 주는 사람이 바로 아버지다. 아버지의 행동이 자식들에게는 살아 있는 교과서가 된다. 교과서가 잘못하면 자식들도 잘못된 것만 배우게 된다. 내 아버지도 한때는 아들이었다. 처음부터 아버지가 아니었다. 마찬가지로 내 아들이 언젠가는 나처럼 아버지가 된다. 내가 아들이었을 때 아버지에게 받고 싶었던 것을 지금 내 아이들에게 주면 된다. 그것이 공부하라는 잔소리는 아니었을 것이다. 사랑한다, 고맙다, 이런 말을 많이 해주면 좋겠다."

찬물을 끼얹은 듯 조용한 가운데 여기저기서 흐느끼는 소리가 들려왔다.

나는 어떤 아들이었고, 어떤 아버지였는지 생각해 보자. 그리고 내가 원했던 그 아버지의 모습이 아닌 내가 싫어했던 그 아버지의 모습으로 살아가고 있다면 이제라도 변화를 시도해 보자. 변화의 시작은 사과와 용서임을 기억하자.

고래 싸움에 새우 등 터진다
- 삼각관계

가족상담의 선구자로 불리는 머레이 보웬(Murray Bowen)은 다세대 가족치료 이론에서 개인이 적절하게 살아가기 위해서는 사고와 감정을 분리할 수 있는 '자아분화' 능력이 필요하며 이를 통해서 개별성(나)과 집단성(우리) 사이에서 감정을 조절하고 관리할 수 있다고 했다.

사고와 감정을 적절하게 잘 분리하는 것이 '인격'이며 인격은 정서적 단위(emotional Unit)인 '가족'이라는 울타리 안에서 성장하고 성숙하게 된다. 그리고 이러한 과정에서 '맞다' '틀리다'가 아닌 다름을 이해하고 존중하고 배려하는 것이 중요하다.

그런데 가족 안에서 불안과 긴장이 만연하고, 이를 적절히 해결하지 못하는 어른이 가족구성원 중 힘이 없는 자녀 한 명을 자기편으로 흡수해서 어른들의 문제 상황에 억지로 참여시켜 버리면 적절한 자아분화가 이뤄지지 못한다.

이것을 우리는 '삼각관계'라고 부른다.

삼각관계 위에 세워진 가정

지연 씨는 아버지의 간섭과 통제 때문에 상담에 왔다. 지연 씨 아버지는 친절하고, 배려 있고, 배고픈 사람을 위해서는 어디서든 지갑 열기를 마다하지 않았고, 모두의 존경을 받는 분이었다. 문제는 집안에서의 모습과 밖에서의 모습이 너무나 달랐던 데 있다.

집안에서의 아버지는 밖에서의 모습을 한 가지도 찾아볼 수 없었고, 가족 모두를 힘들게 했다. 모든 가족구성원에 대해 하나부터 열까지 간섭하고 괴롭히고, 통제하고, 야단쳤다. 공부, 정리, 친구관계, 학교생활 등 분야와 대상을 가리지 않고 가족 누구도 칭찬을 해주지 않았다.

원가족은 물론이고 현가족 중에 아버지를 이해하는 사람은 단 한 명도 없었다. 아버지와 말조차 섞지 않는 엄마와 중학생 이후 아버지와 단절을 선언한 오빠로 인해 아버지는 철저히 혼자가 되었음에도 간섭과 비난을 멈추지 못했다. 지연 씨도 그런 아버지가 마음에 들지 않았지만, 자신마저 아버지를 나 몰라라 할 수 없었다.

지연 씨 아버지는 가족에 대한 불만과 불평을 지연 씨에게 쏟아 냈다. 그리고 자신의 심정을 지연 씨가 전달해 주기를 종용했다. 만약 지연 씨가 들었던 내용을 전달하지 않으면 아버지는 지연 씨에게 '너마저 나를 무시하느냐'며 몇 날 며칠을 말도 하지 않고 화를 냈다.

이런 아버지로 인해 지연 씨는 어느새 가족 간 말을 전달하는 연결책이 되어 있었다. 아버지의 심정을 알게 된 엄마는 다시 지연 씨에게 불편함을 전했고 분노를 표출했다. 엄마와 아버지의 모든 단어를 전달할 수 없었던 지연 씨는 자체 검열을 통해 가족의 평화를 지키되 꼭 전달해야 할 부분을 선별해서 전달하게 되었다.

부모의 편 가르기에 무력한 아이들

지연 씨 가족뿐만 아니라 많은 가정에서 아이를 가운데 두고 부부가 힘겨루기를 하고 있다. 엄마랑 아빠가 헤어지면 누구랑 살 건지를 정하라고 윽박지르고, 아이에게 두 사람의 감정과 단어를 전달하는 역할을 시키기도 한다.

"아빠한테 밥 먹을 거냐고 물어봐."

"엄마한테 네가 차려 주는 밥 안 먹는다고 전해."

그뿐인가?

서로의 마음에 들지 않는 점을 아이에게 호소하는 일도 다반사다.

"내가 다시 태어나면 너희 아빠랑은 절대 결혼 안 한다. 미쳤지, 이게 다 너 때문이야. 네가 생기는 바람에 내가 이 모양으로 살고 있는 거야. 너만 안 생겼어도 내가 여기 있지도 않을 텐데… 진짜 짜증 나"라고 말하는 엄마. 그리고 아이의 행동에서 유난히 배우자를 닮아 싫은 점을 부각하기도 한다. "말하는 게 엄마랑 똑같아. 아주 지 엄마 딸 아니랄까 봐!"

부부는 인연으로 만난 사이지만 부모와 자녀는 혈연으로 맺어진 사이다. 즉, 부부는 싫으면 인연을 끝낼 수 있지만 혈연은 내가 선택한 적도 없고, 싫다고 끊어 낼 수도 없다. 그렇기에 아이가 경험하는 불안과 혼란은 두 사람의 전쟁보다 심각할 수밖에 없다.

부모가 이런 모습일 때 아이는 두 가지 모습을 보이게 된다. 굉장히 순응적이면서 타인의 눈치를 보거나, 굉장히 도전적이면서 반항적으로 된다. 어느 모습을 해도 누군가에게는 미움의 대상이 된다는 사실이 자녀를 무기력하게 만들 수 있음에도 부모는 이를 멈추지 못한다.

"너는 도대체 누구 편이니?"

"너! 엄마랑 살 거야? 아빠랑 살 거야?"

"네가 내 편이라는 것을 증명해 봐."

"너 같으면 네 아빠 같은 사람이랑 살 수 있을 것 같아?"

이런 질문에 아이는 어떤 대답도 할 수 없다. 부모를 부정하는 건 곧 나를 부정하는 것과 같기 때문이다. 아이가 취하는 태도가 아니라 아이의 위치와 역할을 다르게 정해 놓고 강요하는 부모가 문제인 것이다. 이런 상황에서 보이는 아이의 두 가지 모습은 사랑받으려는 방법이며, 버려짐의 불안으로부터 자신을 보호하려는 시도임을 잊지 말아야 한다.

'나'의 소망을 찾아서

지연 씨는 순응적이며 자기 할 일을 스스로 잘 해내는 아이였다. 자신마저 문제를 일으킨다면 이 가정이 정말로 붕괴될 것 같아서 친구 문제나 학업 문제에서 어려움이 있어도 티 내지 않고 혼자서 해결하고 참아야 했다. 그런데 자신이 참으면 언젠가는 해결될 것 같았던 부모 문제가 자신이 성인이 된 이후에도 멈추지 않자 지연 씨는 화가 나기 시작했다. 그래서 아버지의 말이라면 무조건 다 들어주던 모습에서 아버지의 말에서 기어이 잘못을 찾아내는 '뱁중새'로 변해 버렸고, 순응보다는 분노하는 딸이 되어 버린 것이다.

아버지는 아버지대로 당황스럽기 이를 데 없다. 입 안의 혀처럼 굴던 지연 씨가 더 이상 내 편이 아니고, 오히려 적이 되어 버린 모습에서 배신감마저 들어서 모든 분노를 지연 씨를 향해 토해 내고 있었다.

아버지는 지연 씨의 독립과 자율성을 인정해야 한다. 지연 씨를 탓할 것이 아니라 어린 지연 씨 등에 업혀서 아내와 아들의 비난을 피해 온 것에 대해 충분한 사과와 함께 그만 멈추고 어린 딸의 등에서 내려와야 한다.

지연 씨는 아버지의 비난과 분노를 어떻게 감당해야 할지 모르지만, 최소한 이제는 더 이상 아버지를 달래 주고 싶지 않다는 것만은 분명하다. 그럼에도 30년 가까이 가족의 균형을 위해 '나'를 포기하고 살아온 지연 씨가 마음만으로 내 편을 들기는 쉽지 않다. 아버지를 달래 주고 싶은 나와 독립하고 싶은 나 사이에서 줄다리기를 하고 있지만 그럼에도 건강한 삶을 위해 분리가 되어야 한다는 걸 알고 있다.

지금 멈추지 않는다면 지연 씨는 자신을 돌봐 주는 사람보다는 자신이 돌봐야 하는 사람을 만나는 것을 편하게 느낄 수 있다. 관계의 습관이 바로 익숙함이며, 익숙한 것을 좋다고 착각해 버린다. 지연 씨 같은 경우 상담에서는 '나'에 대한 질문과 탐색을 통해 온전한 나를 만날 수 있도록 안내한다. 그리고 아버지와 가족의 소망이 아닌 '나'의 소망을 찾을 수 있게 돕는다.

사랑이란 가면을 쓴 폭력, 가스라이팅

30세 지민 씨는 3년 전 사귀었던 남자친구로부터 데이트폭력과 가스라이팅을 당했다. 이후 모든 일에서 자신감이 사라졌고, 심지어 사람을 만나는 것도 두려워서 주변에서 아무리 좋은 사람을 소개시켜 주겠다고 해도 선뜻 만날 용기를 내지 못하고 있다.

화가 나는 건 3년 전에 자신이 데이트폭력과 가스라이팅을 당했다는 것을 헤어지고 나서야 알았다는 것이다. 헤어지는 순간까지도 남자친구는 "네가 잘못하고 있다. 너 같은 걸 사귀어 주느라 내가 얼마나 힘들었는지 아느냐?" "너는 내게 피해보상을 해야한다"는 등의 요구로 인해 헤어지는 것에 미안함과 죄책감을 느껴야 했다. 하지만 이렇게 있다가는 남자친구가 자신을 죽일지도 모른다는 두려움과 공포 때문에 직장과 집, 친구까지 다 정리하고 도망치듯 그곳을 벗어났고, 이후에도 한동안 남자친구가 다시 찾아올까 봐 외출도 마음 편히 하지 못했다.

전부를 통제하려는 폭력

> 가스라이팅이라는 용어는 영화 〈가스등〉(1944)에서 유래한다. 《그것은 사랑이 아니다》의 작가이자 미국 정신분석 심리치료사인 로빈 스턴은 영화 가스등(Gaslight)의 제목을 인용해 '가스라이팅(Gaslight Effect)'이라는 용어를 만들었다. 이 영화는 아내의 재산을 노리고 결혼한 남편이 온갖 속임수와 거짓말로 멀쩡한 아내를 정신병자로 만드는 과정을 그렸다. 남편은 집안의 가스등을 일부러 희미하게 해놓고 아내가 어둡다고 할 때마다 "당신이 잘못 본 것" "왜 엉뚱한 소리를 하느냐"고 계속 핀잔을 준다(tell her off). 또 주변 환경과 소리까지 교묘히 조작해서 현실감을 잃도록 해갈수록 스스로를 믿지 못하고 자책하며 가해자에게 의지하게 만든다. '가스등 효과(Gaslight Effect)'라는 용어는 여기에서 만들어졌다. 이런 행위를 하는 자는 '가스라이터'라고 한다.
>
> – 위키백과

지민 씨 남자친구는 지민 씨의 직장생활 및 친구관계, 돈 씀씀이, 옷 입는 스타일, 그리고 스킨십 방식까지도 간섭·통제했다. 본인이 화가 날 때면 모든 걸 지민 씨 탓으로 돌린 채 때리고 괴롭혔고 지민 씨가 울면서 무릎을 꿇고 잘못했다고 용서를 구해야 비로소 지민 씨를 용서했다. 더불어 "나 같은 남자 없다. 나는 너를 진심으로 사랑한다. 너무 사랑해서 그런다"라고 말했다. 자신이 잘못하지 않았음에도 지민 씨가 그렇게 할 수밖에 없었던 이유는 자신이 조금만 참으면 남자친구 화가 풀릴 것이고 그러면 다시 자신에게 잘해 줄 거라 믿었기 때문이다.

영화 〈가스등〉에서 역시 "전등이 좀 어둡죠?"라고 말하는 부인에게 남편은 "아니 어둡지 않아. 당신이 착각한 거야!"라고 한다. 여주인공이 자신의 생각과 판단에 스스로 의심을 품게 하고, 결국에는 자기 스스로는 어떤 것도 선택하거나 결정할 수 없는 상태가 되어 버린다. 이것을 이용해서 여자의 재산, 신체, 정서, 감정, 가치관까지도 다 통제하고 조절하는 데 그 목적이 있다.

인간의 욕구

상담에 오는 성인 중 많은 사람들이 '가스라이팅'에 대해 언급하는데, 여자뿐만 아니라 남자도 가스라이팅을 호소하는 비율이 높아지고 있지만 아직까지는 여성의 피해가 월등히 높다.

자신만이 소유하고 싶고, 자신이 원하는 대로 상대를 조정하려는 것을 사람들은 사랑이라고 착각한다. 미국의 정신과 의사이자 심리상담사인 윌리엄 글래서(William Glasser)에 의하면 인간에게는 기본적인 다섯 가지 욕구가 있으며 인간은 욕구를 충족시키기 위해 노력하게 되는데, 그래서 직장이나 가정, 사회에서 부딪칠 수밖에 없다.

첫째, 생존의 욕구는 생명을 유지하고 생식을 통해 생존하려는 욕구이다.

둘째, 사랑과 소속의 욕구는 가장 중요한 심리적 욕구로 다른 사람과 친밀한 관계를 맺고, 결속되려는 마음이다.

셋째, 힘의 욕구는 무언가를 성취하고 자신이 중요한 존재임을 확인하고 싶어 하는 욕구를 말한다.

넷째, 자유의 욕구는 삶의 영역에서 스스로 선택하고 자유롭게 표현하고자 하는 욕구이다.

다섯째, 즐거움의 욕구는 작은 것에서도 즐거움을 찾고 새로운 것에 대해 호기심을 갖는 욕구를 의미한다.

가스라이팅은 이 다섯 가지 욕구 중에서도 사랑과 소속의 욕구뿐만 아니라 힘의 욕구, 자유의 욕구까지도 영향을 줄 수 있는 것으로 누군가를 사랑하면서 친밀감을 느끼고, 그 안에서 자신의 힘을 과시하면서 존재감을 과시한다. 더불어 자신이 마음껏 표현한 생각과 의사 표현을 통해 타인을 통제할 수 있고 자신의 영향력까지 확인할 수 있으니 한번 가스라이터가 된 사람은 대상이 바뀐다고 해도 그 행위를 쉽게 멈출 수가 없는 것이다.

"내 여자친구 몸은 나만 봐야 해!"

"연인 사이에 사생활이 어딨어! 그러니까 하루에 한 번씩은 나한테 통화내역이랑 문자 공개해!"

"네가 다른 사람 만나는 거 싫어. 그러니까 다른 사람 만나려면 나한테 허락받아!"

"연인 사이 스킨십은 당연한 거야. 거부하는 게 이상하지!"

"만약 나 버리고 딴 놈 만나면 죽어 버릴 거다!"

"네가 자초한 거다. 그러니까 넌 길에 버려져도 내 탓 하지 마라."

"너는 만날 때마다 나를 화나게 한다. 그냥 내가 말하면 듣고만 있어라."

"넌 세상을 너무 믿는다. 그러니까 당하는 거다. 미련하게…."

"앞으로는 뭐든 나한테 허락받고 해라. 넌 믿을 수가 없다."

너무나 많은 통제와 폭력적인 언어들이 '사랑'이라는 말로 포장되어 행해지고 있다.

사랑을 다시 정의하자

지민 씨도 그랬다. 자신을 사랑하지 않는 건 아니어서 만났고, 자신이 조금만 노력하면 달라질 것 같았다고. 그리고 언젠가부터는 남자친구의 모든 행동에 적응돼서 잘못됐다는 생각조차 못 하게 됐다. 갈수록 간섭과 폭력이 심하고, 자신을 인간 이하로 대하는 모습 때문에 어쩔 수 없이 헤어지게 됐다고 했다. 지민 씨는 가스라이팅과 데이트폭력을 당하면서 점점 무기력해져 갔던 것이다.

결혼 적령기가 됐지만 사람을 만나는 것 자체가 두렵다는 지민 씨를 이토록 아프게 한 것도 사람이고, 지민 씨를 회복시킬 수 있는 것도 사람이다. 그걸 알기에 지민 씨는 남자친구가 해주지 않았던 위로와 격려를 받고자 상담실로 찾아온 것이다. 믿었던 사람, 사랑했던 사람으로부터 받은 상처는 어떤 상처보다 아프고, 흉터도 오래 남는다.

아직도 많은 연인과 부부는 서로에 대해 다 아는 것이 사랑이라고 착각하고 산다. 그리고 이미 익숙해진 상황을 묵묵히 견디고 있다. 그건 사랑이 아니다. 한쪽은 철저한 피해자로, 한쪽은 완벽한 가해자로 서로가 서로를 방치하는 것이다.

그래서 헤어질 때 한쪽은 "많이 아팠다"고 말하고, 한쪽은 "내가 잘못한 게 뭐냐?"고 따져 묻는다. 이제 사랑을 다시 정의할 때다. 사랑은 상대의 있는 그대로를 인정하는 데서 출발해서 이해로 마무리되는 것이다. 내 입맛에 맞추기 위해 상대를 바꾸려는 것은 나의 욕구를 충족하려는 시도일 뿐 결코 사랑이 아님을 기억해야 한다.

결혼을 대하는 방식

결혼에 관한 명언을 찾아 인터넷에 검색하면 다양한 말들이 올라온다.

- 판단력이 결여되면 결혼하고, 인내력이 결여되면 이혼하고, 기억력이 결여되면 재혼한다.
- 결혼은 함께 하고 싶은 사람과 하는 것이 아니라 안 보면 죽을 것 같은 사람과 하는 것이다.
- 결혼은 권리는 반감시키고 의무는 배가시키는 것이다.
- 머리가 좋은 남편이란 존재할 수 없다. 왜냐면 정말로 머리가 좋은 남자라면 결혼하지 않았을 테니까.
- 여자를 가르치려고 결혼하는 남자, 남자를 성공시키려고 결혼하는 여자는 모두 실패의 희생자가 된다.
- 결혼이란 상대를 이해하는 극한점이다.

'동의'의 뜻으로 크게 고개를 주억거리는 사람도 있을 테고, 결혼을 너무 비관적으로만 보는 것 같아 고개를 가로젓는 사람도 있을 것이다. 문제는 사랑한다고 믿었던 두 사람의 결혼이 왜 이토록 많은 명언을 남기냐는 것이다.

아내 입장에서는 손에 물 한 방울 안 묻히게 해주겠다더니 구멍도 나지 않는 튼튼한 고무장갑으로 하루 종일 가정일에 빠져 살게 만들고, 가사일을 나누려고 하면 앓는 소리 하며 힘들다고만 한다. 그뿐인가 하늘의 별도 달도 따다 줄 것처럼 듬직했던 남편은 어느새 계란프라이 하나 때문에 초등학생 아들과 싸우고 삐쳐서 토라지는 세상 둘도 없는 치졸한 인간이 되었다. 오순도순 살자더니 온갖 집안 행사에는 부인과 아이들만 보내고 행사가 끝나도 고생했단 빈말 한번 없다. 결혼을 한 건지 사기를 당한 건지 애매하다.

남편 입장에서는 당신만 있으면 된다고 생글생글 웃어 주던 천사 같은 아내가 틈만 나면 이웃집 남편과 비교하면서 결혼을 후회하고, 마치 남편으로 인해 인생이 끝난 것처럼 비난을 멈추지 않는다. 아이들은 자연 안에서 편하게 키우겠다더니 없는 돈 쪼개서 전부 아이들 학원비로 쓰고 '아빠처럼 되지 말라'고 윽박지른다. 밥은 왜 식구들이 먹고 난 뒤에 서서 먹으며, 버리려고 내놓은 아들의 체육복 바지는 언제 주워 입었는지 무릎이 한 발은 나와 있다.

위에 나열한 모습 중 하나라도 내 모습, 그리고 내 남편의 모습과 같다면 이제 우리는 선택을 해야 한다. '이대로 살 것인가? 좀 더 나은 내일을 살기 위해 노력해 볼 것인가?'

알고 보면 사소한 이혼 사유

세상에 갈등 없이 살아가는 부부는 없다. 자라온 환경이 다르고, 부모님의 가치관이 다르고, 성향이 다르고, 삶에서 추구하고자 하는 목표가 다르다. 갈등 자체가 아니라 문제가 생겼을 때 '상황'에 초점을 맞추어 해결해 나가면 동지애, 소속감, 사랑 같은 행복한 감정을 경험하게 되지만 상황보다는 감정에 초점을 맞추다 보면 문제는 해결되지 않고 관계도 파국으로 치닫게 된다.

경상도가 고향인 남편과 전라도가 고향인 부인이 이혼하게 됐는데, 이혼 사유가 '감자'였다. 경상도에서는 삶은 감자를 '소금'에 찍어 먹고, 전라도에서는 '설탕'에 찍어 먹는다. 그건 문화적, 지역적, 그리고 개인 취향의 차이다. 하지만 이 부부는 차이를 차별로 가져갔다.

남편이 말했다.

"이래서 무식한 사람과는 상종을 말라 했지…. 무식하게 설탕이 뭐고?"

그 말을 듣고 부인이 말했다.

"사람이 잔정도 없고, 무뚝뚝해서 왜 그런가 했더니 감자를 소금에 찍어 묵네…. 하이구야. 밸 꼬라지를 다 보겄다."

결국 두 사람의 갈등은 부부싸움으로 번졌고, 양쪽 집안을 비하·평가하다가 이혼까지 하게 된 것이다.

잘 싸우는 방법

부부는 적이 아니다. 싸워서 반드시 승자와 패자가 갈리는 경쟁자도 아니다. 적은 바로 갈등이고 갈등을 해결하기 위해 만약 싸워야 한다면 '잘' 싸워야 한다.

못 싸우는 부부를 보면 매번 같은 얘기를 반복한다. 쿼쿼 묵은 옛날 사건은 물론이고 부모 형제를 물고 들어오고, 애먼 아이들까지 싸움 안에 끌어들인다.

잘 싸우는 방법은 뭘까?

첫째, 절대 넘어서는 안 될 마지노선을 지켜 줘야 한다. 쥐를 쫓을 때도 도망갈 구석을 두고 쫓으라는 말과 같다. 감정이 됐던 상황이 됐던 궁지에 몰려 더 이상 잃을 게 없는 사람은 못 할 짓이 없다.

둘째, 시작과 끝이 분명해야 한다. 사람을 무기력하게 만든 건 시작은 했으나 언제 끝날지 모르고, 끝나기는 할지 확신이 없을 때 찾아온다. 시간을 정해도 좋고, 갈등의 주제를 정해도 좋다.

셋째, 현재 발생한 문제만 가지고 해결해야 한다. 과거는 바뀌지 않는다. 바뀌지 않는 과거로 인해 현재의 삶이 발목 잡히지 않아야 한다.

넷째, 비난, 평가, 욕설 등은 사용하면 안 된다. 욕설은 대화가 아니다. 자신의 감정을 상대방에게 던질 뿐이다.

위와 같은 규칙을 정할 수 없고, 지켜지지 않는다며 부부관계는 다시 처음으로 돌아가서 심각하게 고민해야 한다. 왜냐하면 부부의 단어와 감정이 곧 아이들의 단어와 감정이 되고 아이들이 자라서 같은 갈등 안에서 힘들어할 수 있기 때문이다. 화는 15분을 넘지 않는다. 상대방이 화가 나 있다면 더 자극하지 말고 잠시 자리를 벗어나서 서로가 생각할 시간을 갖는 게 좋다.

이혼하는 부부는 상대방을 향해 '왜?'라는 질문으로 원인을 돌리고 있다. 이혼하는 부부와 행복한 부부의 차이는 문제가 있고 없고가 아니라 문제를 어떻게 보고, 어떻게 해결할 것인가의 방법 차이라고 한다.

갈등을 유발하는 부부는 주로 비난, 경멸, 방어의 대화를 많이 사용한다.

"당신이 하는 게 그렇지 뭐. 어쩐지 잘한다 싶었어."

"우리 집에서 문제는 당신이야. 당신만 고치면 돼!"

"얘기해 봤자 뭐해, 안 바뀌는데. 내가 상대를 말아야지!"

굉장히 익숙한 내용, 익숙한 단어, 익숙한 감정일 것이다.

좋은 대화법 – 나 전달법

좋은 대화법 중에 '나 전달법'이 있다. 상황을 설명하고, 그 상황 안에서 내가 어떻게 느꼈는지를 내 입장에서 얘기하는 것이다.

술을 마시고 늦게 들어온 남편을 보고 이렇게 말한다.

"술을 마신다고 했는데, 연락이 안 돼서 무슨 일이 생긴 건 아닌지 너무 걱정되고 놀랐어요. 다음에는 늦으면 미리 연락을 주면 좋을 것 같아요."

그리고 상대의 감정에 공감과 위로를 건네야 한다.

필자 역시 대학원 공부하랴, 직장 생활하랴, 아이들까지 키우느라 힘들어서 남편에게 힘들다고 하소연을 한 적이 있다. 그때 남편의 반응은

"때려 쳐! 여자가 벌면 얼마나 번다고. 한 가지라도 제대로 해!"였다.

상담을 배우지 않았더라면, 인간에 대한 측은지심이 없었더라면 그날 무슨 일이 생겼을지 장담할 수 없었을 것이다. 남편의 그 말이 어떤 의미인지 모르는 바는 아니다. 하지만 듣고 싶었던 말이 아니었다. 그 자리에서 남편과 눈을 맞추고 천천히 알려 주었다.

"힘들었겠다."

그 뒤로 남편은 '힘들었겠다' '속상했겠다'라는 한 단어를 말할 줄 아는 사람이 됐다. 부부가 되기 위해 또는 부모가 되기 위해 공부를 하거나, 노력을 하는 사람은 별로 없다. 내가 배운 대로, 아는 대로, 들은 대로, 생각나는 대로 말을 던지고 '맞다'고 우기는데, 삶은 '맞고' '틀리고'로 구분되지 않는다.

대화를 할 때 단어가 차지하는 비율은 고작 7%밖에 되지 않는다.(메라비언의 법칙) 나머지는 비언어적인 태도와 정서가 차지한다. 그런데 많은 부부가 고작 7%의 단어조차 제대로 사용하지 못하고 있다. 아이들이 잘못된 행동을 하면 부모는 매를 들어서라도 바른 행동을 하도록 가르치려 한다. 하지만 어른이라는 이유로 부부가 서로에게 침을 뱉듯 뱉어내는 말을 수정하고 고치려는 사람은 드물다.

말 습관을 바꾸는 것이 누군가에게는 쉬운 방법일 수 있지만, 또 누군가에게는 틀어진 뼈를 맞추는 것보다 더 힘들게 느껴질 수 있다. 하지만 노력이 습관이 되고, 습관이 성격이 되고, 성격이 그 사람이 인격이 되어 부부생활, 결혼생활, 가족생활이 행복해질 수 있음을 믿고 실천해 보기 바란다.

결혼은 사랑으로 시작해서 우정으로 마무리되는 긴 여정이다. 서로에게 다가가는 대화, 즉 배우자의 단점보다 긍정적인 면을 찾아 대화를 한다며 짧지 않은 인생 여정에서 기쁨과 보람을 느낄 수 있을 것이다.

관계의 모호함이 부르는 고부갈등

결혼 2년 차, 두 살 아이를 둔 지윤 씨는 남편과의 이혼을 진지하게 고민 중이다. 이유는 시어머니 때문이다. 결혼 전부터 시어머니는 아들 사랑이 남달랐다. 시어머니는 시아버지로부터 딸 둘을 낳았을 때는 수고했다는 말조차 듣지 못했고 지윤 씨 남편을 낳고 난 뒤 처음으로 수고했다는 말을 들었다고 한다. 시어머니는 남편에게서 받지 못한 위로와 사랑을 아들을 통해 느끼다 보니 아들이 남다르게 느껴질 수밖에 없었다.

아들을 남편처럼 친구처럼 바라보고 살아서인지 지윤 씨가 결혼하겠다고 찾아갔을 때 시어머니는 세상이 무너진 듯 대성통곡을 하면서 "너 없으면 내가 허전해서 어떻게 사니? 내 아들 아까워서 어떻게 결혼시키냐?"며 지윤 씨에게는 눈길조차 주지 않았다.

네 집도 내 집이고 내 집도 내 집이다. 난 시어머니니까

그래도 남편을 사랑하는 마음이 워낙 컸기에 결혼 준비를 시작했지만, 준비 과정에서부터 순탄하지 않았다. 시어머니는 무엇이든 아들 위주로 생각했고, 지윤 씨가 써야 할 침대조차 한마디 상의 없이 아들이 편할 것 같은 침대로 결정해 버렸다. 신혼집도 시댁에서 걸어서 5분 거리에 계약을 해버렸고, 도어락 비밀번호도 당연히 알고 계셔서 신혼여행을 다녀왔을 때도 신혼집에서 자신을 맞이한 건 시어머니셨다.

"어머 어머니, 짐만 풀고 바로 찾아뵈려고 했는데, 여기 계셨네요"라는 지윤 씨 말에 시어머니는 "왜 내가 못 올 데 왔니? 내 아들 집에 내가 오겠다는데 너한테 허락받아야 하니?"라고 역정을 냈다. 그런 어머니를 달래느라 이제 막 신혼여행에서 돌아왔다는 사실조차 잊은 건지 남편 역시 지윤 씨를 나무랐다. "그래 자기는 왜 말을 그렇게 해. 울 엄마 서운하게…. 자기가 사과드려"라며 시어머니 기분 달래기에 바빴다. 지윤 씨는 자신이 살 신혼집에 온 것이 아니라 마치 시어머니와 아들이 알콩달콩 재미나게 사는 집에 초대받지 않고 쳐들어온 불청객이 된 느낌이었다.

매주 주말이면 당연히 시댁에 가서 이틀을 보내고 와야 했고, 어쩌다 친정에 가자고 하면 "거긴 너무 멀잖아. 우리 집은 바로 요긴데…"라며 남편은 움직이지 않았다.

친정에 일이 있어서 어쩌다 다녀오기라고 하면 시어머니는 당연히 지윤 씨네 거실에 앉아서 자신과 아들을 맞이했다. "얘, 너는 별일도 아닌데 피곤한 내 아들을 데리고 꼭 친정엘 다녀와야 했니? 너도 참 유난이다. 너야 매일 집에서 빈둥빈둥 노니까 어디든 가도 되지만 하루 종일 일하고 주말에만 겨우 쉬는 내 아들이 거기까지 다녀오려면 얼마나 힘들겠니? 다음부턴 생각을 하고 움직여라."

매주 시댁에 가는 자신에게는 힘들겠다는 위로는커녕, 온갖 일을 다시키면서도 조금도 미안해하지 않으면서 어쩌다 친정에 다녀온 날은 대역죄인 취급을 받곤 했다.

첫애를 낳았을 때도 시어머니는 대를 이어줄 귀한 자손을 낳아 줬으니까 당연히 자신이 몸조리를 해주겠다고 친정어머니를 집에 못 오게 하신 채 짐을 싸서 지윤 씨 집으로 들어왔다. 하지만, 밥상을 차릴 때마다 "아이고 내 팔자야. 남들은 며느리가 차려 주는 밥상을 받는다는데, 나는 박복해서 사지육신 멀쩡한 며느리 밥상을 차리고 있네" 하는 시어머니의 넋두리를 들어야 했다.

임신은 축하받을 일 아니었던가요?

그래도 그때까지는 남편을 사랑하는 마음이 있었다고 믿었고 남편이 자신 편이라고도 믿었다. 첫째 아이가 돌을 넘길 무렵 계획에 없던 둘째가 생겼는데, 지금 둘째를 낳으면 첫애한테 소홀해질 것 같아 지윤 씨도 고민이 됐지만 그래도 찾아온 생명이니 감사한 마음도 없지 않았다. 그런데 자신이 고민하는 사이 남편이 그 사실을 시어머니에게 얘기했는지 시어머니가 흥분한 목소리로 전화를 걸어왔다.

축하를 기대한 건 아니지만 그래도 손주가 생긴 것이고, 같은 여자로서 조금은 심란한 자신의 마음을 이해해 줄 거라 생각했는데 시어머니가 던진 첫마디에 와르르 무너져 버렸다.

"애! 너는 생각이 있니 없니? 내 아들 힘든 거는 눈곱만큼도 생각 안 하는구나, 넌! 당장 지워라!"

자신이 무언가 잘못이라도 한 것처럼 몰아붙이는 시어머니는 지윤 씨가 뭐라 대꾸할 새도 없이 당신의 속내를 버선 뒤집듯 뒤집어 탈탈 털어버리고는 "알아들었지? 이만 끊는다" 하고는 전화를 끊어 버렸다. 그런데 그게 끝이 아니었다. 시어머니는 그날부터 하루에도 몇 번씩 전화나 문자를 해서는 "병원 알아봤니? 미련하게 있을 게 아니다. 어여 지워라. 왜 이런 일을 만들어서 여러 사람 신경 쓰이게 만드니?"라고 비난과 멸시를 아낌없이 퍼부었다.

그로부터 열흘 후 병원에서 눈을 뜬 지윤 씨는 남편과의 이혼을 생각하게 되었다. 자신에게 바람막이조차 되어 주지 않는 남편과 남은 인생을 살아갈 자신이 없었다. 자신이 시어머니 때문에 힘들어하는 걸 알면서도 항상 "내 엄마가 그럴 때는 다 이유가 있을 거야. 어린 자기가 참아. 그게 평화를 얻는 길이야"라고만 했다.

2년간의 결혼생활 동안 평화를 위해 참고 또 참았지만, 평화는 오지 않았다. 시어머니는 하루가 다르게 아들 가진 유세가 심해졌고, 자신은 속병이 나서 언젠가부터 한숨을 달고 살았다. 그렇게 사랑했던 남편조차 이젠 꼴 보기 싫어졌다. 애초부터 이 자리가 자신의 자리가 아니었다는 생각이 들었고 '그렇게 사랑하고 좋은 네 엄마랑 알콩달콩 평생 살아라' 하고 떠나 주는 게 맞는 것 같았다.

내 자식이 귀하면 남의 자식도 귀하다

고부갈등은 드라마 주제로도 빠지지 않고, 남녀노소 신분 고하를 막론

하고 대한민국에서 태어나면 누구나 직·간접적으로 겪어야 할 문제 중 하나다.

이런 고부갈등이 왜 생길까?

첫째는 환경 차이다. 시어머니와 며느리는 살아온 환경이 다르고, 습득한 지식이 다르고, 가치관이 다르다. 시어머니가 살았던 시대에는 옳았던 것들이 며느리 세대에는 옳지 않은 것들이 있지만 시어머니는 그것을 알지 못하기에 얘기하는 것이고, 며느리 역시 시어머니 시대를 살아본 적 없기에 서로를 제대로 이해하지 못하는 것이다.

대화가 필요하고, 다름을 이해하기 위한 노력이 필요하지만 노력하지 않으니, 결혼생활과 며느리를 현명하게 대할 능력이 생기지 않고, 서로에게 인정받지 못하게 되는 것이다.

두 번째는 분명한 상하 구조다. '힘'이라는 건 신체구조 차이뿐만 아니라 나이, 직위에 따라 나눠지기도 한다. 시어머니는 일단 어른이고, 남편의 어머니이다 보니 며느리는 약자일 수밖에 없다. 아직 삶의 경험치가 짧은 며느리를 대할 때는 힘으로 밀어붙이거나 약점을 잡아 이용하면 안 된다. 아직 배우지 못했거나 나이가 어리거나 환경이 다른 것이 약점이 되어서는 안 되며, 약점으로 이용해서도 안 되는데 '내가 그랬으니 너도 그래야 한다'는 억지와 고집이 '나'와 소중한 가족 모두에게 상처를 주는 것이다.

마지막은 기대이다. 아이를 낳아서 건강하게 성인까지 키워 내기까지 들어가는 정성과 관심, 눈물, 한숨은 부모이기에 공통으로 경험하는 부분이다. 게다가 남편, 또는 다른 자녀, 시댁과의 갈등에서 유일하게 자신

편이었던 아들을 결혼시키는 것은 아들을 독립시키는 것이 아닌 자신의 인생을 뚝 떼어 내는 듯 허전하고 고통스러운 과정일 것이다. 그렇다 보니 며느리에게 내가 애쓴 만큼 잘해 주기를 기대하는 마음이 생긴다. 내 아들보다 더 싹싹하고, 더 살갑고, 더 챙기길 기대하고 기대한 만큼 실망하면서 갈등이 생기는 것이다.

결혼은 두 사람이 만났지만, 두 사람 뒤에는 친인척과 지인을 비롯한 기백 명의 사람과 문화, 환경이 존재하고 있다. 그러니 다른 건 당연하다. 다르기 때문에 조금씩 조율해 가는 것도 당연하다. 하지만 그것이 문화이건, 습관이건, 성격이건 바꾸려고 하지 않는다.

더불어 결혼은 했지만 어머니에게서 정서적으로 분리되지 못한 남편이 아내에게서 엄마의 정서를 찾는다. 그래서 부인이 해주는 밥과 반찬에서 엄마를 찾는다.

"우리 엄마는 이렇게 하는데, 너는 왜 이렇게 해?"

그리고 지윤 씨 시어머니처럼 결혼한 아들을 아직도 내 아들이라고 착각하는 시어머니도 문제다. 내 아들이었지만 이제는 며느리의 남편이 된 아들을 온전한 어른으로 대접해 주어야 하는데, 여전히 강한 소속감과 소유욕 때문에 '내 아들'을 주장하고 있는 것이다.

남편보다 시어머니가 더 문제

'착한며느리 콤플렉스'라는 말이 있다. 이유도 모른 채 시댁 어른들에게는 왠지 사랑받아야 할 것 같고, 그래서 시댁에서 무리한 요구를 해도 거절하지 못한 채 희생하게 되는 과정과 상황을 의미하는 말이다. 이런 과정이 반복되면서 자존감이 내려가고, 결혼에 회의를 느끼게 되고, 자신을 이렇게 만든(?) 남편에 대한 미움과 원망이 커지게 된다. 오죽하면 '시'자 들어가는 건 시금치나물도, 시래깃국도 싫다 할까.

두 사람의 성격 차이로 이혼하는 부부도 많지만, 시댁 갈등이 이유인 가정도 많다. 도박으로 2억을 날린 남편 때문에 도저히 결혼생활을 유지할 수 없어서 시댁에 얘기했더니 "어쩌겠니, 이런 남편 만난 것도 다 네 팔자인데. 네 복이 그뿐인 거야"라고 해서 그나마 갖고 있던 미안함도 싹 없어져 버렸다는 미희 씨. 애들 아빠가 바람피워서 힘들다고 말했더니 "오죽하면 바람을 피웠겠냐"고 말하는 지연 씨 시어머니. 명절에 가면 아들 얼굴 못쓰게 됐다고 하는 말이 듣기 싫어서 안 가게 됐다는 며느리도 있다. 그들은 한목소리로 말한다. "남편보다 시어머니가 더 문제!"라고.

어른이 되면 입은 닫고 지갑은 열라고 말한다. 좋은 시어머니가 되려면 아들을 며느리 남편으로 인정해 주는 것, 내 아들이 본인 가정에 충실할 수 있도록 배려하는 것, 내 며느리를 들여온 남의 집 식구가 아닌 내 아들의 온전한 편이 되어 줄 고마운 존재로 인정하고, 존중해야 할 것이다.

부모의 불안이 아이를 어떻게 망치는가

지우 엄마는 지우가 어릴 때부터 품에서 한시도 지우를 내려놓은 적이 없고, 지우에 관한 모든 것을 본인이 직접 해왔다. 기저귀 교환에서부터 씻기는 것, 재우는 것, 먹이는 것까지 남편은 물론이고 시댁과 친정에서도 몸이 약한 지우 엄마 대신 지우를 돌봐 주겠다고 나섰지만 한사코 사양했다. 하지만 지우가 커가면서 점점 요구하는 것도 많아지고 그만큼 신경 써야 하는 것도 많아지면서 지우 엄마는 지쳐 가고 있었다.

지우 엄마가 몸이 약한 것도 있지만 어쩐 일인지 요구하는 것을 다 들어주는데도 지우는 하루하루 요구사항이 많아지고, 짜증이 늘고, 툭하면 울음을 터트리는 데다가 아무리 애원해도 엄마 말을 듣지 않았다. 지우를 위해 자신의 경력까지 포기하고 오직 육아에만 매달려 온 지우 엄마는 이제 지쳐 쓰러질 지경이지만 이대로 지우를 포기할 수도 없었다. 조금만 더 하면, 이번만 해주면, 한 가지만 더 하면 지우가 누구보다 잘 자랄 것 같았고, 지우에게 도움이 될 것 같고, 본인 스스로도 엄마라는 역할에 만족할 것 같았다.

인생 과업 수행하기

아이들은 3세 정도가 되면 자율성을 배우게 된다. 충분히 안전한 공간에서 마음껏 세상을 탐색한 후에 다시 엄마라는 기지로 돌아오면서 세상에 대한 호기심, 기지에 대한 안전감을 얻고 더 넓은 세상으로 나아갈 수 있는 호기심과 용기를 얻게 된다. 하지만 이때 불안이 높은 엄마는 아이의 자율성을 인정하지 않고, 허락하지 않는다. 그래서 아이가 무언가를 해보기도 전에 막고, 치워 버리고, 제지하고, 혼을 내서 아이 스스로 죄책감과 무능과 불안을 배우게 한다.

한마디로 아이를 하나의 인격체가 아닌 미성숙한 존재, 불안한 존재, 나약한 존재로 인식하고 모든 것을 사랑이라는 이유로 대신 해줘 버리고, 미리 제공해 버리는 방식으로 사랑을 표현하는 것이다.

"실수하면 안 되잖아요."

"다치면 안 되잖아요."

"네가 얼마나 귀한 아인데…."

"엄마가 다 해줄게, 넌 가만히 있어!"

아이에게 왜 그렇게 많은 것들을 해주었느냐고 물었을 때 일반적으로 들을 수 있는 대답이다.

아이의 실수를 곧 실패로 받아들이는 부모, 아이의 실수를 자신의 실수로 가져오는 부모, 어떠한 경우에도 실수를 용납할 수 없는 부모, 귀한 내 아이에게 물 한 방울 안 묻히게 하려는 부모는 천 번의 실수 끝에 전구를 개발한 에디슨, 수많은 실수 끝에 피뢰침을 만들어 낸 퀴리 부인을 이해할 수 없을 것이다. 천재는 1%의 영감과 99%의 노력으로 만들어지는데, 불안이 높은 부모는 1%의 영감에만 의지할 뿐 99% 노력을 기다려주지 못한다.

지우는 엄마의 불안 때문에 지우가 말을 하기 전에 모든 것을 '대령'하는 바람에 말이 느렸다. 자유롭게 표현해 본 적이 없으니 당연히 되는 것과 안 되는 것을 구분하는 능력 또한 발견하지 못한 탓에 행동은 또래보다 미성숙했다. 장소와 대상을 구분하지 않고 어디서든 지우 자신의 욕구가 우선이었고, 욕구가 받아들여지지 않았을 때는 아이처럼 울음부터 터뜨렸다.

지우를 달래기 위해 지우 엄마는 가족여행 중에도 중간에 집으로 돌아와야 했고, 외출했다가도 다시 돌아와야 하는 일이 빈번해지면서 언젠가부터는 아예 외출을 포기해 버리게 되었다. 하지만 집에만 있는 것도 싫은 지우는 밖에 나가자며 또 엄마를 귀찮게 했다.

"다 지우 잘되라고 한 건데, 왜 이렇게 됐을까요?"

아이가 원해서 해주는 것과 부모가 할 줄 알아서 해주는 건 다르다. 오스트리아의 정신의학자이자 '개인심리학'을 창시한 알프레드 아들러(Alfred Adler)에 의하면 개인을 발전시키는 것은 열등감이라고 했다. 열등감을 이겨 내기 위한 노력의 결과로 우월성을 갖게 되는데, 열등감이란 한마디로 내가 무엇이 부족한지 어떤 부분이 약점인지를 아는 것이고, 그것은 다양한 경험과 실수를 통해 배울 수 있다. 하지만 열등감을 찾을 기회가 없고, 자신의 열등감이 뭔지 모르는 아이들은 더 나아지기 위한 노력도 할 수 없다.

최선을 다해 노력하는 아이를 원한다면 아이가 일상에서 충분히 넘어지고, 실수하면서 스스로 부족한 점을 찾고, 그것을 어떻게 극복할 것인가에 대한 기회와 시간을 줘야 한다.

지우는 욕구를 느껴 볼 새도 없이 모든 것을 제공받았기에 굳이 말을 배울 필요가 없었고, 행동을 통제할 이유가 없었고, 감정을 다스릴 이유가 없었다. 하지만 태어났을 때의 모습 그대로 울음으로만 감정과 욕구를 표현하는 아이를 과연 잘 키웠다 또는 잘 자랐다고 말할 수 있을지는 의문이다.

다섯 살이 된 지우를 보면서 "넌 왜 남들처럼 못하니?"라고 말하는 지우 엄마에게 가장 필요한 것은 지우를 불안한 존재로 보는 엄마의 불안을 먼저 치료하는 것이다.

불안은 왜 생길까?

불안하다고 하면 사람들은 나쁜 것으로만 생각할 수 있다. 하지만 불안은 어떤 사고나 문제가 발생하기 전에 미리 준비할 수 있도록 해주는 긍정적인 기능도 있다. 하지만 그 준비가 너무 과하고, 너무 광범위하고, 너무 빈번해서 일상에 지장을 준다면 그것은 문제가 될 수 있다.

사고위험이 도사리고 있는데도 불구하고 '설마~' 하고 방치했다가 실제로 사고가 난 뒤에야 부랴부랴 대비책을 만들어 내는 모습을 보고 '안전불감증'이 만들어 낸 인재라고 하듯이 불안은 그 안전불감증이 미리, 너무, 많이 생겨서 문제이다.

불안의 종류에는 여러 가지가 있다. 일상적인 상황 전반에서 불안을 느끼는 범불안장애, 대중교통 이용이나 외출, 줄서기, 사람이 많은 곳에 가기 힘든 공황장애도 불안이고, 갑자기 바뀐 환경에 적응하지 못해서 부모 또는 집으로부터 멀어지지 않으려는 분리불안장애도 불안장애다. 그 외에도 공황장애 과거력이 없는 광장공포증, 동물·자연환경·혈액·상황 등 특정한 대상이나 상황에 생기는 특정공포증, 사람이 많은 곳에서 불안을 느끼는 사회공포증, 불안을 다스리기 위해 특정 생각이나 행동을 반복하는 강박장애도 불안 종류이다.

지우 엄마는 어린 시절 서로 죽일 듯이 싸우는 부모님을 보면서 무서웠고 두려웠다. 엄마가 죽을까 봐, 자신이 버려질까 봐, 아빠가 자신을 때릴까 봐 두렵고 불안했다. 그래서 자신만은 그런 엄마가 되지 않기 위해 지우에게는 좋은 것, 귀한 것만 미리미리 챙겨 주면서 지우가 행복하기를 바랐다. 하지만 그것이 자신의 불안 때문임을 알지 못했다. 어쩌다 불안한 느낌이 들어도 그것을 인정하는 순간 그런 상황이 실제로 벌어질까 봐 남편에게도 지우에게도 말하지 못했다.

지우는 엄마 품에 안겨서도 아이처럼 손가락을 입에 넣고 빨고 있었다. 부족한 거 하나 없이 키웠는데, 시도 때도 없이 빨아대는 통에 손톱이 종이짝처럼 얇아진 지우의 손가락은 지우에게, 그리고 엄마에게 분명히 외치고 있었다. "이제는 그만 놓아주세요"라고.

자신의 불안이 높다는 걸 알고 있는 사람도 있고, 너무 익숙해져서 당연하게 살아가는 사람도 있다. 하지만 자신이 뭐라 명명하지 못한 불안 때문에 내 아이, 내 가족 누군가가 힘들어한다면 더 늦기 전에 불안의 정도를 파악하고, 불안을 다스리기 위한 방법을 찾아 실천해야 한다.

자신의 불안을 아이 때문, 혹은 남편의 행동 때문으로 돌리는 사람은 결국 문제를 해결하지 못한 채 끝없이 반복되는 불안의 사이클로 인해 결국 무기력해진다. 문제해결의 시작은 지금 어떤 상태인지를 아는 것, 그리고 원인을 찾는 것에서부터 시작된다.

부모 앞과 친구 앞,
아이의 두 얼굴

자녀를 향한 필요와 충분 조건

부모가 된다는 건 굉장한 축복이다. 하루하루 아이가 자라는 모습은 최고의 감사와 행복과 사랑을 경험하게 한다. 옹알이하는 모습부터, 하품하는 모습, 하물며 낑낑대며 배설하는 모습도 마냥 귀엽기만 하다. 말로 표현할 수 없는 감동과 감사가 쌓여서 모성애가 되고 부성애가 된다. 그러다 보니 내 아이에게 더 잘해 주고 싶고, 더 좋은 것과 더 많은 것을 주고 싶은 마음이 커진다.

하지만 현실은 그렇지 못하다. 물질적 풍요를 위해 밤낮 없이 일을 하다 보면 아이의 마음을 놓치기 쉽고, 아이의 마음만 살피다 보면 불안하고 부족한 부분만 찾아내는 이상한 부모가 되고, 사랑만 주면 된다고 생각했는데 어느 순간 경제적 지원의 부족함을 아이가 온전히 감당하고 있는 모습을 발견하면 미안해진다. 어느 것을 더 잘하고, 어떤 부분에 더 집중하는 것이 좋은 부모가 된다는 기준이 없기 때문에 부모는 본인의 경험치 안에서 자녀를 향한 필요와 충분 조건을 찾아내게 된다.

4차 산업혁명 시대가 되고, 맞벌이하는 부모가 늘고, 더 많은 정보가 쏟아지고, 변화의 속도가 빠르다 보니 그 속도와 변화를 따라가지 못할까 봐 부모는 부모대로, 아이들은 아이들대로 스트레스를 받는다. 부모가 된다는 건 행복의 크기만큼 부모로서의 태도, 방식, 가치관에 있어 불안과 스트레스를 감당해야 한다. 바로 양육 불안, 양육 스트레스이다.

그래서 아이가 어린이집, 유치원에서 공동생활을 시작하게 되면 부모에서 학부모가 되고, 사회적 기준과 가치를 아이에게 주입하게 된다. 남들이 하는 방식이다 보니 객관적이라고 생각하게 되고, 잘못된 방식이라고 의심하지 못한 채 되려 부모의 속도를 따라오지 못하는 아이들을 탓하게 되고 '다 너를 위해서'라고 합리화하면서 힘듦을 드러내지 못하게 한다.

어느 날 돌아보니 부모의 노력과 애씀을 알아주어야 할 내 아이는 부모가 만들어 놓은 성공 트랙에서 벗어나 가장 뒤처져 있다. 하지만 이미 많이 커버린 아이는 더 이상 부모의 입맛대로 움직여 주지도 않는다. 부모와 같이 있는 공간을 짜증 내고, 시간을 힘들어하고, 목소리를 거부한다.

'뭐가 부족해서, 뭐가 모자라서, 뭐가 문제여서.'

이런 고민 끝에 상담에 찾아온다.

세상엔 기준이 너무 많아

차려 놓은 밥상도 못 받아먹는 내 아이를 위해 아버지는 또 한 번 큰 결심을 했다. '내 아이를 이해하고 싶다. 제대로 이해해야 제대로 지원하지 않겠냐?'고 말하면서 그동안 아버지로서 당신이 얼마나 애쓰고 참아 왔고, 지금도 참고 있는지를 호소한다.

부모로서는 충분히 이해되고, 공감이 간다. 하지만 아이 입장에서는 아버지의 욕구와 기대가 너무 과해서 도망치고 싶을 것 같다. 부모의 뜻을 따라 주지 않는 아이, 부모와는 대화도 거부하는 아이, 부모 앞에서 웃지 않는 아이, 부모와는 어떤 것도 하고 싶지 않다고 말하는 아이들을 위해 희생하고 봉사하는 부모 또한 딜레마에 빠지기 쉽다.

'그만해야 하나? 더 강하게 밀어붙여야 하나?'

아버지 앞에서는 세상 무기력하고, 게으르고, 둔한 아이가 친구들과 있을 때 너무 다른 모습을 보여서 아버지는 딸이 자신을 속인 건지, 아버지로서 자식에 대해 아는 게 없는 건지 혼란스럽다고 했다.

아이가 아버지를 속인 게 맞을까? 아버지가 아이를 하나도 모르는 게 맞을까? 맞는 것도, 맞지 않는 것도 있다.

아이가 친구 앞에서 세상 걱정 없고, 말이 많아지고, 감정을 애써 누르지 않고 자연스럽게 표현하는 이유는 친구들은 그 모습을 남과 비교하지 않고, 비난하지 않기 때문이다. 친구 앞에서는 긴장하지 않아도 되고, 자신의 감정과 표현이 맞는지 틀리는지 계산하지 않아도 되기 때문이다.

하지만 아버지 앞에서는 긴장하게 된다. 자연스러운 모습보다는 큰아이로서의 기특한 모습을 기대하고 있으니까. 숨 쉬는 것부터 걷는 것까지도 아버지는 자신에게 큰아이, 멋진 아이, 세상 사람들이 다 부러워하는 모습을 기대하고 아버지가 기대한 모습이 아니면 비난하기 때문이다.

아이가 아버지를 속일 의도가 있어서라기보다 자신에게 기대하는 아버지의 마음이 너무 부담스럽기 때문이다.

부모 입장에서는 자녀의 다른 모습을 이해하기 쉽지 않다. 자식을 위해 가장 애쓰는 사람도 부모, 염려하는 사람도 부모인데, 부모 앞에서 많은 것을 감추는 모습이 견디기 힘들다.

세상에는 참 많은 기준이 있다. 세상에 태어나는 순간부터 몇 센티 이상의 키에, 몇 킬로그램 이상의 몸무게가 되어야 정상이라고 말한다. 가족 구조 형태가 다양해졌음에도 여전히 엄마 아빠와 자녀의 형태를 '정상가족'이라고 말하고 있으며, 공부·외모·결혼 조건 등등 많은 기준이 어른이나 아이 할 것 없이 숨통을 조이는 세상이다.

세상이 그렇다면 그 기준을 어느 정도는 받아들여야 한다. 그게 사회성이고, 그렇게 되어가는 과정이 사회화일 테니까. 하지만 부모를 통해 배우는 사회성은 성과가 아니다. 과정이며, 그 과정에서 무엇을 배우고, 느꼈는지를 살려주어야 한다. 그러기 위해서 아이가 잘하든 못하든 상관없이 일관적인 태도로 아이를 지지해 주어야 한다. 조건부로 자녀에 대한 사랑을 삼키고 뱉는 사람이 아니어야 하며, 사랑을 볼모로 아이의 정서를 통제해서도 안 된다.

너를 믿는다

"아이가 공부를 못하거나, 기준에서 벗어나면 그땐 아버님 아이가 아닐까요?"

가끔 부모에게 이렇게 질문한다. 물론, 모든 부모는 어떤 순간에도 아이를 사랑할 거라고 말한다. 그 말을 믿는다. 하지만 정작 믿어야 할 그들의 자녀는 부모를 믿지 못하고 언제든 버려질 수 있다고 생각하니 참 슬픈 현실이다.

부모는 자녀가 세상에 있는 많은 기준에서 비켜났을 때, 노력했음에도 그 노력이 채택되지 않아 좌절할 때, 기준 때문에 속상할 때 돌아갈 수 있는 안식처여야 하며, 어떤 조건에도 온전하게 수용해 주는 존재여야 한다. 수용 받지 못할 거라는 불안이 부모와 친구 앞에서 다른 모습을 드러내게끔 한다.

"너를 믿는다. 너는 믿는다. 너는 내가 사랑하는 내 아이이기 때문이다."

이 말을 하루에 세 번씩만 해보고, 그대로 행동하면 아이는 믿음대로 성장하게 된다.

연습하고 부모가 되지 않았고, 어느 곳에서도 부모가 되었을 때 어떤 태도를 보여야 하는지 알려 주지 않았으니, 이제까지의 실수, 눈감아 줄 수 있다. 하지만 알면서도 같은 잘못을 반복하는 건 의도적이며 어떤 변명으로도 덮을 수 없다. 아이는 부모를 믿고 싶어 한다. 부모가 가진 게 적어도 아이들에게 부모는 세상 전부이다. 부모가 조금 덜 갖고, 덜 배우고, 덜 세련됨을 자녀들에게 들키지 않았으면 좋겠다.

사회성이 부족하다고요?

사회성은 어른이 된다고 생기지 않는다

33세 박대범(가명) 씨는 동료들과의 관계 때문에 직장을 그만두고 한 달째 술에 의존하며 살고 있다. 눈만 떴다 하면 술만 마시는 다 큰 아들을 대범 씨 어머니는 혼도 내보고, 부탁도 해봤지만, 날이 갈수록 대범 씨의 음주량은 늘어 갔다.

대범 씨가 직장을 그만둔 건 이번이 처음이 아니다. 벌써 세 번째이고 이유는 하나같이 '관계' 때문이었다. 직장생활 하면서 일을 하는 데는 어려움이 없었지만, 동료들과는 원만하지 못했다. 다 같이 웃고 떠드는 자리에서도 대범 씨가 말을 하면 분위기가 흐트러져 버렸고, 사전에 약속되지 않은 동기 간 가벼운 모임인데도 자신만 소외되곤 했었다.

그렇다고 자신을 왜 부르지 않았는지 물어볼 수도 없었다. 이런 얘기를 나눌 만한 친구도 없었던 대범 씨는 자신이 지나치게 예민한 것으로 결론을 내린 채 더욱 일에 매진했지만 희한하게 관계에서 어려움이 한 번 생기고 나면 일에 대한 몰입도도 떨어지고 일도 재미가 없어져 버렸다. 그래도 일만 잘하면 언젠가는 동료들도 자신을 인정해 줄 것이라 믿었기에 대범 씨는 자신을 다독이며 직장생활에 최선을 다했다.

하지만 인사 평가에서 동료들이 자신을 낮게 평가했고 그로 인해 승진에서 빠졌다는 것을 알게 된 후 대범 씨의 생활은 완전히 달라졌다. 자신을 누가 싫어하는지, 왜 점수를 낮게 줬는지 궁금했고, 누군지 안다면 가만두지 않으리라 다짐도 했다. 그래서 틈만 나면 주변 사람들을 살피기 시작했고, 흔하게 버려지는 이면지 한 장도 놓치지 않고 검열하게 되었다.

대범 씨의 이런 행동들 때문에 직장동료들 역시 불편하기는 매한가지였다. 이런 행동이 아니더라도 평소 대범 씨는 눈치 없고 사회성 없기로 소문이 나 있었다. 후배가 힘들다고 해도 위로보다는 비난을 먼저 했고, 생각 없이 말을 던져서 분위기를 망쳐 버리곤 했다. 그런 대범 씨에게 누군가 "대범 씨는 살아오면서 위로받아 본 적 있어요?"라고 묻자, 자신을 왜 나약한 사람으로 몰아가냐며 버럭 화를 내서 그 뒤로는 누구도 대범 씨에게 일 외에는 말을 하지 않게 되었다. 일은 잘할지 몰라도 후배, 동료와의 관계에서는 세련되지 못한 대범 씨가 동료들도 여간 불편한 게 아니었기에 리더십이 중요한 승진에서 누락되는 건 당연하다고 생각되었다.

그런데 이제 자신을 낮게 평가한 직원을 찾겠다고 눈에 불을 켜고 있는 대범 씨를 보면서 그나마 남아 있던 미안함은 간데없고, 역시 점수를 낮게 주기를 잘했다는 생각과 대범 씨의 집착이 무섭다는 생각까지 하게 되었다.

반면교사, 역지사지

사회성이란 심리학적 의미로는 사회생활을 하려는 인간의 근본 성질, 인격, 혹은 성격 분류에 나타나는 특성의 하나로, 사회에 적응하는 개인의 소질이나 능력, 대인관계의 원만함 따위이다.

사회성은 어느 날 갑자기 생기는 것이 아니며, 나이를 먹었다고 자연스럽게 생성되는 능력도 아니다. 사회성이 만들어지는 기본은 가정 안에서 부모와의 상호작용에서부터 시작된다. 신체는 선천적으로 부모가 물려주지만 사회성과 정서는 후천적으로 만들어진다고 한다. 사회성은 부모와 놀이를 통해서 자연스럽게 배우는 것이다. 아이들은 자기중심성으로 '내 것'만을 주장하면서 어린이집, 유치원에서 갈등이 생기게 된다. 부모는 아이가 경험하는 가장 작은 사회이면서 어떤 것도 연습할 수 있는 대상이어야 한다. 아이가 말문이 트이고 자기표현을 할 수 있다면 아이들의 눈높이에 맞는 놀잇감을 선정하고 아이들과 놀아 주면서 놀이에 필요한 규칙과 방법도 알려 주고 상대방의 입장과 감정을 공감하고 이해하는 모습을 보여 주어야 한다.

놀이를 통해 사회성을 가르치는 이유 중 하나는 사회성이나 정서는 단어가 아닌 행동과 태도를 통해 배운다는 사실이다. 즉, 사회성은 문장으로 개념화할 수는 있지만 분명하고 정확하게 설명하기는 어렵다. 사회성이 포함하는 의미가 많고, 또 사람마다 사회성을 배우는 방식이 다르고, 표현하는 방식이 다르기 때문이다. 특히 자기표현이 아직 서툴고 세련되지 못한 아이들에게 있어 놀이는 다양한 역할을 체험해 볼 수 있고, 규칙이나 역할을 자연스럽게 배울 수 있으면서 놀이이기 때문에 자신의 감정이나 생각을 굳이 검열하지 않고 꺼내 놓을 수 있다.

그리고 시간을 내서 놀이를 하는 것도 좋지만 일상생활에서 아이들이 좋아하는 프로그램, 엄마와 같이 보는 드라마나 예능을 보면서 틈나는 대로 마음을 읽어 주고, 문제 상황을 파악하고, 타인의 입장이나 생각을 미루어 짐작해 보고, 그 안에 필요한 사회적 기술을 행동으로, 태도로, 말로 표현해 보는 것이 사회성 향상에 도움이 된다.

공감은 없고 비난과 평가로 자아가 형성되면…

대범 씨의 경우 장사를 하던 부모님은 아침부터 저녁까지 바빴고, 대범 씨는 혼자 보내는 시간이 많았다. 터울이 많은 여동생이 있었지만 대범 씨에게 있어 동생은 돌봐야 할 대상이었지 자신의 문제를 나누거나, 해결을 위한 상호작용 상대는 아니었다. 그렇다 보니 대범 씨는 스스로 문제를 해결해야 했고 자신의 입장과 생각만 고려하게 되면서 감정보다는 역할에만 충실한 사람이 되어 버린 것이다.

학교에 들어가서 친구 사이에 문제가 생겼을 때도 자신의 감정을 이해하기보다는 '왜 남들처럼 평탄하게 학교를 다니지 못하냐?'고 비난하는 부모님으로 인해 문제가 생겨도 말하지 않는 것이 훨씬 안전하다고 체화해 버렸고, 학생으로서 필요한 역할이 아니면 표현하지 않게 되어 버렸다.

그리고 자신을 드러내지 않고도 관계가 가능한 게임에 집중했으며 사람들과 부딪치고 협동이 필요한 활동에는 관심을 두지 않았다. 하지만 주변에서 대범 씨를 보고 "대범이는 왜 말이 없어요?" "대범이는 인사를 잘 안 하네요?" "대범이는 쑥스러움을 많이 타나 봐요"라고 피드백을 해오면 난리가 났다. 이제껏 어떻게 상호작용을 하는지, 감정을 어떻게 읽고 표현하며, 타인이 감정표현을 할 때는 어떻게 반응해 줘야 하는지를 한 번도 가르쳐 준 적 없던 부모님이 대범 씨에게 비난과 함께 던진 부정적인 피드백은 대범 씨가 경험하지 않아도 되는 상처가 되었고, 그 상처가 쌓이고 쌓여 어느새 또 하나의 자아가 되어 버렸다. 소통이 안 되는 사람, 이기적인 사람, 따듯한 벽돌 같은 사람, 일 중심적인 사람으로….

대범 씨뿐만 아니라 많은 성인들이 사회생활에서 일보다 관계적인 부분에서 고통을 호소하고 있다. 상급자를 보면 심장이 벌렁거려서 숨이 잘 안 쉬어지는 사람, 어려운 일이 있어도 표현하지 못한 채 꾹 참기만 하는 사람, 상대방이 어떤 요구를 해와도 거절하지 못하는 사람, 상대방에게 어떤 부탁도 하지 못하는 사람, 항상 다른 사람의 눈치를 살피는 사람 등등.

사회성이 위협받는 시대

긴 코로나 시기를 거치며 취학 자녀를 둔 부모들의 한숨도 늘어났다. 적응되지 않는 온라인 수업이 끝났지만, 사람을 만날 시기에 만나지 못한 아이들의 사회성은 발달은커녕 제자리였다. 부모 역할이 더욱 중요해졌다. 사회성은 부모와의 신뢰에서 시작해서 결국 세상과의 신뢰로 마무리된다. 소통하는 아이, 표현하는 아이, 배려하는 아이, 수용 받는 아이, 이해하는 아이로 성장하기를 바란다면 지금 바로 부모가 아이와 놀이를 시작해야 한다. 하지만 현실적으로 지금 부모들은 너무 바쁘다. 그리고 어쩌면 본인도 체계적으로 배워 본 적 없고, 경험해 본 적 없는 사회성을 아이에게 가르쳐 준다는 것이 겁날 수 있다.

취학아동을 대상으로 사회성 향상 놀이집단을 운영한다는 소문을 듣고 생각보다 많은 부모님이 문의해 왔다. 낯선 상황, 낯선 사람에게 적응하고, 놀잇감으로 서로 얘기하고, 규칙을 따라 놀이를 하면서 아이들은 성장해 가고 있었다. 당연히 모든 것을 혼자 다 차지하고, 내 맘대로 하던 것들을 어쩔 수 없이 친구들과 나누고 양보하면서 사회성을 배우게 된다.

사회성은 바로 이런 것이다. 직접 눈 맞추고, 얘기하고, 소통하면서 내가 갖고 있던 편견과 선입견을 떨쳐 버리고 보편성을 배우는 것! 지금 맛본 사회성이 아이들의 학교생활, 나아가 사회생활에서 관계를 시작하고, 유지하고, 발전시키는 작은 씨앗이 되기를 진심으로 바란다.

부부란 무엇인가

건강하게 첫 아이를 출산하고, 한참 아이 키우는 재미와 신혼 재미에 빠져 있어야 할 지영 씨는 상담 내내 흐르는 눈물을 주체하지 못했다. 결혼도 후회되고, 이 사람을 만난 것도 후회되고, 자신이 너무 바보 같다고 울먹였다.

세 남매 중 큰딸로 태어나 하고 싶은 것보다는 부모님이 시키는 것을 하면서 '착한 딸'이라는 칭찬을 들어왔고, 동생들에게도 모범이 되는 언니, 누나로 살아왔다. 지영 씨 아버지는 권위주의적인 데다 가부장적인 가장으로 존댓말은 물론이고 아버지가 집에 오기 전에 그 누구도 잠을 잘 수 없었다. 엄마는 아버지의 말이라면 순종하면서 자녀들 역시 자신처럼 아버지에게 순종하며 그 심기를 건들지 않기를 기대했다.

이렇게 조심하면서 지냈음에도 지영 씨 아버지는 가끔 화를 냈다. 예를 들어 평소에는 응원이나 격려 한마디 없다가 지영 씨가 시험을 못 봐서 성적이 떨어졌거나, 엄마가 아버지의 기분을 제대로 맞추지 못했을 때였다. 물론 아버지의 화는 억지에 가까웠지만 그 누구도 아버지를 탓할 수 없었다. 이렇게 자라다 보니 지영 씨는 다른 사람의 기분을 상하지 않게 하는 방식이 습관이 되었고, 자기 생각을 드러내기보다는 감추는 데 더 익숙한 사람이었다.

아버지와 다른 사람을 바랐는데

지인의 소개로 남편을 만났을 때 호방하고 화끈한 데다가 무조건 지영 씨 편을 들어주는 모습이 듬직하고 믿음직스러웠다. 사람들 앞에서 말도 잘 못하고, 누가 부탁을 하면 거절도 못 해서 속앓이를 하던 지영 씨에 비해 남편의 첫인상은 야무지고, 강하고, 밝은 사람이었다. 남편이 옆에 있으면 세상 무서운 것도 없고, 어떤 말도 당당하게 할 수 있을 것 같았다. 남편이 가장 많이 하는 말은 "뭐 어때서! 괜찮아! 하고 싶은 건 하고 살아야지!"였다.

'그래, 이 사람 곁이라면 나답게 살 수 있을 거야!'

그 믿음 하나로 결혼했는데, 결혼 이후 남편은 달라졌다. 아니 지영 씨가 그렇게 벗어나고 싶어 했던 아버지와 똑같은 사람이었다. 지영 씨가 하루 종일 집 안 청소며 아이 돌보느라 힘든데도 집에 오면 따듯한 밥에 항상 새로운 반찬과 국을 원했고 육아와 살림은 전혀 돕지 않았다. 아이 돌보는 게 힘들다고 하면 "아이를 너 혼자만 키워? 우리 엄마는 세 남매를 키웠어도 너처럼 유난 떨지 않았어. 남들은 나가서 돈도 벌고 애도 키우는데 넌 애만 키우잖아!"라며 지영 씨를 몰아세웠고, 시간이 갈수록 지영 씨를 무시하는 말과 행동은 점점 심해져 갔다. 가끔은 힘들여 차려 놓은 밥상 외에 갑자기 다른 메뉴를 요구하곤 받아들여지지 않을 때는 버럭 화를 내거나 욕을 하기도 했다.

남편이 처음 자신에게 욕하는 것을 들었을 때 지영 씨는 너무 당황스러워서 아무 말도 하지 못했다. 그저 자신이 잘못 들었을 것으로 생각했지만 또렷하게 귓전을 때리던 그것은 틀림없는 욕설과 비난, 그리고 무시였다. 하지만 남편에게 왜 욕을 하느냐고, 왜 별일 아닌 것에 화를 내느냐고, 왜 자신의 마음을 몰라주느냐고 묻지 못했다. 지영 씨는 남편의 모습에서 엄마에게 화를 내던 아버지를 보았고 너무 무서웠기 때문이다.

상대의 기분에 나의 행복을 맡기고 있는가

사람은 어린 시절 충분히 채워지지 못한 욕구를 상대방을 통해 채울 거라 기대하면서 누군가를 만나게 된다. 그래서 눈치 보는 사람은 눈치 보지 않고 자신의 의견을 말하는 사람을 만나고, 조용한 사람은 활달한 사람을 만나고, 배를 곯아 본 사람은 먹고살 걱정 없는 성실하고 밥 잘 챙겨 주는 사람을 만나고, 심리적으로 허기진 사람은 따듯한 사람을 만나 위로를 받고 그 위로가 평생 자신에게 향할 거라고 기대하게 된다.

하지만 자신의 결핍을 자신조차 알지 못하는 사람, 그래서 상대방이 무엇을 채워 주고 있는지 분명히 알지 못하는 사람은 상대방의 기분 여하에 자신의 행복을 맡기고, 상대방이 자신을 대하는 태도로 자신의 가치를 매긴다.

남편이 자신 편을 들어주었을 때 세상 무서울 게 없던 지영 씨는 이제 남편이 세상에서 제일 무서워졌고, 남편만 곁에 있다면 살아갈 수 있을 것 같은 시간이 남편으로 인해 무너지고 있다. 남편이 자신을 바라봐 주던 시선 안에서 가치 있다고 여겼던 자신이 남편 앞에서 한없이 초라해짐을 알아 버렸다. 그래서 불행해졌지만, 남편은 바뀔 생각이 없다. 아니 바뀔 이유가 없다. 남편은 자신이 불편하지 않고, 세상 어떤 사람도 타인을 바꿀 수는 없으니까.

상담에 찾아온 지영 씨는 상담 안에서 어린 시절의 나를 만나고, 아버지의 분노 앞에서 자신을 감싸 주지 않았던 힘 없는 엄마를 만나고, 잘해야 한다는 각오 하나로 눈물을 삼키던 자신을 만나면서 가족, 사랑, 안전, 역할에 대해 변화보다는 참는 것이 더 익숙해져 버린 지금의 자신이 만들어졌음을 알게 되었다. 자신이 어떤 상황에서 행복을 느끼는지, 어떤 말로 위로를 얻고, 어떤 말에 용기가 생기는지를 아는 사람은 많지 않지만, 만약 알아줘야 한다면 그건 자신뿐이다. 그리고 자신이 알아낸 자신의 마음을 상대방에게 잘 전달하고, 자신도 잘 보호하기 위해 노력하는 것이 사회성이고 자존감이다.

우리는 누군가를 만나 연인이 되고, 지인이 되고, 또 부부가 되었기에 서로를 알아가려는 최소한의 노력이 필요하다. 그런 노력조차 하지 않는 모습은 혼자만의 언어로 세상을 지배하려는 독재, 불통과 다를 게 없다.

지영 씨는 남편에게 자신은 지금 최선을 다하고 있는 거라고 말해야 한다. 그리고 남편이 자신에게 욕을 하는 상황이 너무 무섭고 행복하지 않다고 말해야 한다. 그리고 남편 역시 지영 씨를 아끼고 사랑하는 마음이 있다면 그 목소리에 귀를 기울여야 한다.

들을 준비가 되어 있지 않은 사람, 들었으면서 듣지 않은 척하는 사람,

타인의 말에 귀 닫고, 눈감아 버리는 사람은 결국 자신이 겁쟁이임을 들킨 것이고, 변화하기 싫은 고집불통임을 인정하는 것이며, 외로움과 친구 하겠노라고 선언한 것임을 알아야 한다.

서로 다른 언어를 배우며 살아온 세월만큼 서로를 이해하고, 가정이라는 따뜻한 울타리를 구축하기 위해서는 상대의 언어를 배워야 한다. 소통, 사랑은 여기서부터 시작하는 것이다.

'LOVE'가 사랑임을 아는 것은 그 단어를 배웠기 때문이다.

아이의 질문은 세상이 처음이기 때문

지금은 대학생이 된 큰아이가 초등학교 3학년 때 "엄마 자취가 뭐야?"라고 물었다. 나는 상담자적 마인드와 엄마의 따스함을 한껏 장착해서 아이에게 대답해 주었다.

"응, 자취란 말이지? 혼자 생활하면서 밥도 해 먹고, 빨래도 하고, 그렇게 혼자서, 스스로, 독립적으로 생활하는 거야!"

나름 근사하고 멋지게 대답을 잘했다는 생각으로 아이의 표정을 살피며 다음 반응을 기다렸는데, 아이는 보란 듯이 나의 예상을 뒤집어 버렸다.

"아하~ 그럼 지방자치는 지방에서 혼자서 밥 해 먹는 거구나!"

엄마로부터 얻을 건 다 얻었다는 표정으로 저만치 총총히 가버리는 아이를 보며 느낀 민망함과 어이없음은 오롯이 나의 몫이었다. 그게 아니라고 대답을 정정해 줘야 한다는 생각과는 달리 입술은 본드칠이라도 해 놓은 듯 쉬이 열리지 않았다.

아이들을 키우다 보면 한두 번쯤 다들 이런 경험 했을 것이다. 상상조차 해본 적 없는 질문을 받고 어떻게 대답을 해줘야 할지 망설였던 순간, 살면서 단 한 번도 궁금해 본 적 없는 질문을 세상 심각한 표정으로 던지는 아이를 보면서 어이없었던 상황, 대답해 줄 말이 없어서 괜히 딴청을 피우거나 바통을 배우자에게 돌려야 했던 상황 앞에서 많은 부모들은 금성 또는 화성에서 온 듯한 아이로 인해 혼돈에 빠졌거나 나의 경우처럼 대답을 해주긴 해주되 그 누구도 만족하지 못한 대답을 할 때도 있었을 것이다.

금성인(화성인)의 질문과 지구인의 대답

우리는 왜 이런 식의 대화를 하게 되는 것일까?

아이가 던지는 질문의 의도와 아이가 어디까지 알고 싶은지, 무엇을 알고 있는지, 그것에 대해 아이는 어떤 생각을 하고 있는지 살피지 않은 채 내가 알고 있는 사실을 진실 또는 진리라 생각해서 던져 주는 방식으로 던져 주는 '답'들은 의도와 대답이 잘 맞아떨어지면 상보적 의사소통이 이뤄지지만 그렇지 않으면 동문서답을 하는 교차적 의사소통이거나 단어보다 내면적 의도를 더 많이 담은 이면적 의사소통을 하기 일쑤다.

아이가 질문을 잘못했으니 대답을 잘못해 줄 수밖에 없었다고 변명해 보지만 그 변명이 참 빈약하고 힘이 없다는 걸 누구보다 본인이 잘 알고 있을 것이다. 어른이고 부모이기 때문에 아이보다는 많이 알아야 하고, 현명해야 하고, 차분하고 진중해야 하지만 그렇지 못했기 때문이다. 그래서 어떤 부모는 "질문하지 마!" "시키는 거나 똑바로 해!" "숙제부터 해!"라고 힘으로 아이를 굴복시키기도 한다. 또는 "그런 거 물어볼 시간에 공부를 했으면 1등 했겠다" "궁금한 거 많아서 그렇게 먹고 싶은 것도 많니?"라고 비난하거나 조롱하기도 한다. 오죽하면 자녀가 끊임없이 질문을 해대서 ADHD인지 알아보기 위해 상담실에 오는 부모도 있다.

아이들을 대상으로 그림 검사를 진행하다 보면 아이들이 던지는 질문에 기가 막힐 때가 많다.

"선생님은 왜 제 말을 적어요?"

"근데 왜 선생님은 안 그리고 나만 그려요? 나 팔 아픈데…."

"근데 이거 어디에 쓸 거예요? 걸어 둘 거예요?"

"근데 왜 나무를 그려요? 나는 꽃을 그리고 싶은데…."

"나는 아파트에 사는데 왜 지붕이 있는 집을 그리라고 해요?"

그림 검사와 무관하지만, 그 기발하고 깜찍한 발견과 질문에 매번 감동을 넘어 감탄하게 된다. 그럴 때 나는 여러 경험을 바탕으로 아이를 바라보며 이렇게 물어본다.

"너는 그게 궁금하구나!"

아이들은 왜 그렇게 궁금한 게 많을까?

사람은 누구나 처음 태어나고 처음 인생을 살아가게 된다. 그리고 인생의 길이만큼 지식도 경험도 쌓이게 된다. 태어나 처음 경험하는 부모라는 환경 안에서 신뢰감과 안전을 획득하게 되고 활동 반경이 넓어지고 경험하는 환경이 많아질수록 아이들은 더 많은 것들을 배워야 하고, 경험하게 된다. 이때 아이들은 이제껏 경험하지 못한 문제, 갈등, 정보, 환경에 대해 알아야 하고, 배워야 다음 단계로 나아갈 수 있는 것이다.

자율성을 획득하는 3세 무렵의 아이들에게는 안전하고 넓은 공간이 필요하다. 엄마라는 기지를 두고 아이들은 기고, 잡고, 걸으면서 세상을 탐색한 뒤 다시 엄마에게 돌아와 위로와 격려를 받고 조금 더 넓은 곳을 탐험하게 된다. 이때 아이들은 손으로, 눈으로, 감각으로 경험되는 환경을 보고 만지고 맛보면서 실수하면서 깨달으면서 배우게 되는데, 스스로 깨닫는 것도 있지만 깨닫지 못하는 것은 부모라는 환경을 통해 배워 갈 수밖에 없다.

"엄마 저건 뭐야?"

"아빠 저건 왜 저래?"

다섯 살 정도의 아이가 아빠를 향해 끊임없이 "WHY?"라고 묻는 유튜브 영상이 있다. 아빠가 왜 일을 해야 하고, 왜 해가 떠야 하고, 왜 놀아주지 못하는지에 대해 아이는 의문을 제기하고 아빠는 진땀을 빼며 대답하는 모습을 보면 웃음이 절로 나온다. 아이가 던지는 질문은 아빠로서는 당연한 것들이었기에 의문을 가져 볼 필요조차 없었던 것이고 그러니 황당하기 때문이다. 하지만 아이들에게 당연한 것은 없다. 해가 뜨는 것, 아빠가 일을 가는 것, 아침에 밥을 먹는 것, 씻어야 하는 것 등등. 아이들에게 그 모든 것들은 다 처음이기 때문이다.

"인생의 길이를 결정하는 건 죽음이지만 인생의 깊이를 결정하는 건 나"라고 한다. 그 '나'가 온전히 만들어지기 위해서 아이는 세상을 탐험하고, 느끼고, 표현하는 데 있어 자유롭고 주도적이어야 한다.

특이한 걸 묻는다는 건 다른 아이들과 조금 다른 관점과 관심사가 있다는 것이며, 다른 아이들보다 사물이나 사건에 대한 깊은 통찰을 요구

한다는 것을 부모는 이해해야 한다. 그리고 부모니까 어른이니까 당연히 대답을 해줘야 한다는 강박에서 벗어나 모르면 그 아이에게 다시 물어보는 용기를 장착해야 할 것이다.

"네 생각은 어떤데?"

부모의 이 한마디 질문이 특이한 아이를 특별한 아이로 만드는 시선이며 특별한 자신을 아이 스스로 사랑할 수 있게 만드는 비결이 될 것이다.

이혼보다
두려운 건…

이혼은 그저 선택이다

통계에 따르면 2022년 대한민국 혼인 건수는 19만 1,690건이며 이혼 건수는 9만 3,232건으로 집계되었다. (KOSIS 참조) 숫자로만 본다면 두 쌍 중에 한 쌍은 이혼을 선택한다. 즉 이혼이 특정한 문제나 어려움이 있는 사람들의 어쩔 수 없는 상황에서 내리는 최후의 선택이 아닌 누구에게나 찾아올 수 있는 삶의 선택이 되었다고 해석할 수 있다.

하지만 여전히 많은 사람들은 '정상'이라는 틀을 기준으로 이혼과 이혼 가정을 바라보면서 기어이 문제를 찾아내고, 발생하지 않은 문제로 불안을 조장하기도 한다.

"괜히 이혼했겠어?"

"분명히 문제가 있을 거야!"

"괜찮은 척했던 거였네."

"애들이 뭘 보고 자라겠어!"

이런 편견과 선입견은 어른이 아닌 선택권조차 없는 아이들이 온전히 감당하기도 한다. 혜선 씨는 초등학교 때 부모가 이혼했으나 아버지의 사랑으로 인해 엄마의 부재를 크게 경험하지 못했다. 그럼에도 단지 부모가 이혼을 했다는 이유로 학창 시절 불우이웃 대상이 되었다. 선생님은 물론이며, 친구들, 주변 사람들까지도 혜선 씨가 힘들어할 거라 단정 지으면서 불쌍하게 대하고, 그늘이 있을 거라고 확신하는 사람들 앞에서 마음대로 웃을 수 없었다고 했다.

또 기철 씨는 부모의 이혼으로 인해 더 이상 엄마가 아버지에게 맞는 것을 무기력하게 바라보지 않아도 되는 평화를 얻게 되었음에도 '깨진 가정' '편모가정'이라는 사회적 틀로 인해 자신의 인성과 꿈을 끊임없이 설명해야 했던 그 시절이 너무 싫고 이혼 자체보다는 이혼을 바라보는 관점 때문에 받은 2차 피해가 더 아팠다고 이야기한다.

사랑하는 두 사람이 만나 사랑을 약속하고, 결혼을 선택한 것처럼 이혼 역시 두 사람의 사랑이 끝났거나, 더 이상 가정을 유지하는 의미가 없어졌을 때 자유의사로 선택한다. 다만 그 선택에서 절대 놓치지 말아야 하는 것이 자녀들이다. 자녀들에게 있어 부모는 온 우주이다. 부모가 이혼한다고 했을 때 자녀들은 우주를 상실하고 자신의 존재감에 대한 불안을 경험한다. 부모 자녀 사이에서 자녀들은 본능적으로 버려짐에 대한 두려움을 경험하는데, 부모가 이혼할 때 그 두려움은 극에 달한다.

상처를 최소화하는 이혼은?

서로를 미워할 수 있지만 엄마 아빠가 그토록 미워하는 그 상대방이 아이들에게는 미워할 수 없는 엄마 또는 아빠이기 때문에 이혼 전에 지나치게 싸우는 모습을 보여 주는 것도 좋지 않다. 이혼 과정에서 상대방을 죽일 듯이 미워하는 것 역시 아이들에게는 힘든 일이다. 서로를 죽일 듯이 미워하거나, 다시는 보고 싶지 않고, 볼 일 없다는 최종 결정이 아닌 아내로서 또는 남편으로서 역할을 그만하겠다는 합의와 선택이어야 한다. 즉, 서로에 대한 의무에서는 벗어날 수 있지만 부모로서의 역할에 대해서도 충분한 합의와 노력이 필요하다. 그렇기에 이혼은 결혼 결정보다 더 이성적인 상태에서의 온전하고 인격적인 선택이어야 한다.

이혼을 어느 날 갑자기 결정하는 부부는 없다. 이혼이라는 말을 꺼내기까지 참아 왔던 시간과 감정을 먼저 알아주지 않는 한 이혼 자체를 막을 방법은 없다. 이혼을 하고 싶지 않다면 "내가 못 한 게 뭐가 있냐? 그러는 너는 나한테 밥이라도 제때 차려 줬냐? 내가 힘들다고 할 때 위로 한 번 해준 적 있냐?"라고 따질 게 아니라 "미안하다. 당신이 그렇게 힘들어하는 줄 몰랐다. 내가 무심했다. 당신에게 믿음을 주지 못해서 미안하고, 든든한 울타리가 되어 주지 못해서 미안하다. 당신을 귀하게 대해 주지 못해서 미안하다"라고 말해야 비로소 대화가 시작되는 것이다.

최근의 변화는 이혼 결정 전에 상담을 오는 부부가 많아졌다는 데 있다. 대화다운 대화를 해보고 싶어서 오는 경우도 있고, 왜 이혼까지 오게 됐는지에 대해 구체화하기 위해 오는 이도 있다. 어떤 부부는 남들도 다 겪는 문제로 이혼까지 요구하는 상대방을 마지막으로 설득하기 위해 오는 경우도 있다. 이혼 사유 역시 예전과는 많이 달라졌다. 외도, 도박, 빚, 보증 등 서로에 대한 신뢰 및 경제적 문제가 이혼 사유의 대부분이었다면 지금은 소통이 되지 않아서, 성격 문제, 대리효도 및 가정일 분담과 양육 방식 문제로 이혼을 결심하기도 한다.

아이들에게 언제 말해야 할까

여러 노력에도 불구하고 결국 이혼을 선택한 부부들이 최종적으로 고민하는 문제가 바로 자녀이다. 자녀에게 이혼을 어떻게 전달해야 할지 고민하면서 처음부터 말해야 하는지, 아니면 끝까지 모른 척해야 하는지 그 시기와 적절성을 찾지 못해서 고민하는 사람들에게 왜 그런 걱정을 하는지 물었다. 대부분 주변에서 주는 '말해야 한다'는 압박과 함께 너무 늦게 말하면 아이가 배신감을 느끼게 되고, 뭔가 아이를 속이고 있다는 미안함이 있다고 대답한다.

아이가 알아야 한다면 말을 해주는 것 역시 부모의 역할이지만 아이의 시간과 수준에 맞게 전달해야 하는데 여기서도 가장 중요한 것은 아빠나 엄마가 무엇을 잘못해서 이혼했는지를 전달하는 것이 아니라 어떤 경우에도 자녀에 대한 사랑은 조금도 변하지 않았다는 태도가 선행되어야 한다. 부모의 이혼 앞에서 좌절하고 힘들어하는 아이들은 이혼 자체보다 이혼까지 오는 과정에서 부모의 다툼, 서로에 대한 원망과 함께 자녀를 짐처럼 대하고, "너만 아니었다면 결혼 같은 거 하지 않았다"는 원망의 말을 처리하지 못해 더 힘들어한다.

그런 과정에서 어떤 아이는 입을 다물고, 어떤 아이는 문제행동을 일으켜서 부모의 관심을 끌기도 한다. 또한 재결합의 환상을 가지는 아이들 역시 부모 이혼 후 달라진 환경, 태도로 인해 과거를 그리워하는데, 자신이 공부를 열심히 하면, 말을 잘 들으면, 엄마를 덜 힘들게 하면 부모가 재결합할지도 모른다는 '만약'을 가정하면서 행동과 감정을 제한하다가 환상이 깨지는 순간 참았던 분노와 설움을 폭발하기도 한다.

그러니 아이가 이혼에 관해 물어올 때는 '했다' '안 했다'가 아닌 이혼에 대한 아이의 생각, 감정, 걱정을 물어봐 주고 공감해 주면서 아이 스스로 '그래도 엄마, 아빠가 나를 사랑하고 있다는 거 알아… 그래서 괜찮아'라고 말할 수 있도록 기다려 주어야 한다.

학교폭력에 대한 시선

청소년들에게 현재 고민에 관해 물었을 때 성적이 가장 높은 비율을 차지했고, 그다음으로는 친구관계, 외모, 진로 등이었다. 많은 상담 관련 이론가들은 '기능하는 인간' 또는 '정상적인 삶의 기준'으로 '일과 관계'의 중요성을 언급했다. 근면성과 성실함이 발달과업인 학령기 청소년들에게 있어 '일'은 학업이며, 자아정체감 확립을 위한 친구와의 '관계' 또한 중요하다. 이러한 청소년들의 과업 수행은 부모와의 관계가 시작이지만 시간적인 부분에서 대부분 학교라는 공간 안에서 이뤄지는 게 보편적이다.

학년이 바뀌고, 학교가 바뀌면 많은 아이들은 밥 친구, 그리고 학업 부담으로 긴장하게 된다. 게다가 방학 내내 밤낮이 바뀐 아이들은 생활패턴을 찾는 데만도 한참의 시간이 걸리기도 한다. 낯선 상황에 대한 불안과 긴장이 높아서 초등학교 입학을 앞두고 분리불안을 호소하는 아이들이 많고, 그로 인한 스트레스가 신체 증상으로 발현되어 배앓이, 두통, 수면장애, 호흡곤란을 호소하는 아이들도 많다.

학교만 들어가면 모든 게 다 해결되는 게 아니라 입학과 동시에 아이들에게 더 많은 관심과 격려가 필요한 이유도 여기에 있다. 누구나 가는 학교, 누구나 해야 할 숙제와 공부, 누구나 한 번쯤은 고민하게 되는 진로와 친구관계지만 '너는 왜 못하니?'라고 바라보는 시선으로 인해 아이들은 더 자책하고, 힘들어하고, 우울해진다.

하지만 무엇보다 아이들과 부모 모두를 힘들게 하는 것이 있으니 '학교폭력'이다. 학교폭력은 분명한 피해를 보고도 도움을 요청하지 못하는 학생들을 보호하기 위해 만들어졌고 지금도 그 취지는 달라지지 않았지만, 학교폭력을 대하는 모습 그리고 대처하는 방식은 많이 달라졌다.

최소한의 양심… 도덕성

다시 한번 학교폭력에 대한 관심이 뜨거워졌다. 누구나 알 만한 유명인들이 과거에 저지른 학교폭력으로 프로그램에서 하차하고, 팀에서 탈퇴하고, 계약이 해지되는 기사를 심심찮게 볼 수 있다.

'실수였다' '어려서 몰랐다'라고 해명도 해보고, 때로는 모르쇠로 일관하면서 대처해 보지만, 결국 타인의 권리를 짓밟고, 허용되지 않는 힘을 행사했던 사람에게 대중은 더 이상 호의를 베풀지 않는다. 그리고 아무리 노력해도 잊히지 않는 폭력피해자의 아픔처럼 후회와 반성, 재발 방지 약속에도 한 번 떠난 대중의 마음은 쉽게 돌아오지 않는다.

우리는 타인의 권리를 보호하고 자신의 의무를 지키며, 사회구성원으로서 갖춰야 하는 최소한의 양심과 도리가 있고, 이것을 '도덕성'이라 부른다.

콜버그(Lawrence Kohlberg)의 도덕적 발달단계에 따르면 도덕성은 3수준 6단계로 구분된다. 전인습 수준에는 벌을 받으면 말을 듣는 1단계와 자신의 욕구만을 충족하는 2단계가 있고, 인습 수준에는 좋고 친절한 사람이 되고 싶은 3단계, 그리고 법을 지키고 준수하는 4단계가 있다. 마지막 후인습 단계는 법에는 없지만 사회적으로 합의가 된 5단계, 누구나 지켜야 할 것들을 지키는 보편적 수준의 도덕성이 있다.

학교폭력은 1단계, 또는 2단계의 도덕성으로 학교에 가기 전에 배운 규칙과 약속만으로도 충분히 지킬 수 있는 도덕성을 요구하는데 안 지킨 것이다. 왜? 힘이 세거나, 체격이 크거나, 공부를 잘하거나, 집안이 좋거나, 장애가 없거나, 성별이 다르다는 등의 이유로 발생하는 힘의 차이를 우월성이라는 권리로 받아들인 채 상대방을 공격했기 때문이다.

많은 아이들이 학업 스트레스, 가족 안에서 경험했던 폭력 경험을 다른 장소, 다른 대상에게 되푸는 경우가 있다. 사회학습이론의 반두라(Albert Bandura)의 보보인형 실험에 따르면 폭력적인 장면을 본 아이들은 그렇지 않은 아이들에 비해 폭력을 사용할 가능성이 훨씬 높은데 바로 모델링 효과 때문이다.

물론 민주적인 가정 분위기에서 폭력보다는 대화를 많이 하는 가정이 더 많을 것이다. 하지만 민주적이기보다는 힘으로 가족구성원을 제압하는 전제적인 부모, 그리고 방임하는 부모, 제한은 없이 뭐든지 원하는 것을 갖게 하는 허용적이기만 한 부모도 있을 것이다. 부모와의 관계에서 경험한 것들을 아이들이 어디에서 재현할까? 바로 학교이다. 부모가 없는 곳에서 인생의 1/3을 보내는 아이들은 이미 경쟁 관계이며, 사회에 의해 많은 것들을 비교당하면서 열등감 또는 우월감이 심겨 누구나 학교폭력 대상자가 될 수 있다.

이런 일도 학교폭력이 된다

학교폭력대책심의위원으로 수년간 활동을 하면서 수많은 아이들, 사건, 부모를 만나 봤지만, 성인 못지않은 범죄성과 잔인함이 있는 폭력이 있는가 하면, 피해자가 가해자가 되어 있는 안타까운 상황도 많이 목격했다. 아이러니하게도 가해 학생으로 지목된 아이들이 가장 많이 하는 말이 "억울해요"이다.

그도 그럴 것이 줄 서서 이동하는데 앞 친구가 빨리 가지 않았다고 욕해서, 새로 산 핸드폰으로 친구들 사진을 찍어서 단톡방에 올린 뒤 놀려서, 잘난척하는 친구를 반 친구 몇몇이 재수 없다고 말해서, 임원을 맡은 친구가 자신들을 노예처럼 부려 먹어서, 기숙사에서 밤마다 성적인 대화를 하는 게 듣기 힘들어서도 학교폭력에 신고가 된다.

그러니 가해 학생들은 자신은 그렇게까지 괴롭히지 않았다고, 그만큼 뺏지 않았고, 그만큼 놀리지 않았다고 호소한다. 하지만 여기서 명심해야 하는 것이 바로 학교폭력을 바라보고 해석하는 기준은 가해의 입장이 아니라 폭력이 발생한 맥락과 피해 학생의 주관적 경험이다.

가해자를 향한 온정주의와 피해자유발론이 절대 폭력을 근절시킬 수 없는 것 또한 분명하기에 폭력은 가해 입장이 아닌 피해자의 입장에서 온전히 바라봐야 한다. 배려란 내가 경험하고 싶지 않은 것을 타인에게도 요구하지 않는 것이라고 한다. 그런 면에서 폭력 상황이 사회적으로 장난 또는 친구 사이에서 흔히 발생할 수 있는 에피소드인가 하는 것이다.

학교폭력 해결 과정으로는 2주 이내의 진단, 지속성·보복성이 아닌 경우, 금전적인 손해를 즉시 배상했을 때는 학교장 해결이 가능하다. 사안이 심각할 경우 교육청으로 이관되며 별도로 경찰서에 의뢰되는 경우도 상당한데 이렇게 되면 변호사 선임 비용과 시간 또한 만만치 않다.

내 아이를 보호하기 위해 부모가 적극 나서는 태도는 아이에게는 좋은 모습일 것이다. 하지만 평소에는 대화도 없고, 문제가 생기면 '네가 잘못했겠지!'라고 비난하고, '공부나 열심히 하라'고 말하던 부모가 기대 이상으로 자신의 편을 들어주는 모습에 적잖이 당황하는 아이들도 있다.

"공부, 공부 노래하길래 그냥 힘든 거 알아달라고 얘기한 건데, 저렇게 나오니까 이젠 학교 가기도 싫어졌어요. 애들이 저를 마마걸처럼 본다니까요. 그게 더 짜증 나요"라고 말하는 아이도 있다.

학교폭력예방법

학교폭력 예방을 위해서는 평소 아이들과 대화가 되어야 한다. 처벌하는 부모가 아닌 기다리고 격려하는 부모가 되어야 하며, 성적보다는 자녀의 존재 자체에 감동하는 부모여야 한다. 힘은 약한 사람을 보호하기 위한 정의적인 수단이 되어야 하며, 그 자체가 목적이 되어서는 안 된다고 알려 주어야 한다. 그리고 어떤 경우에도 '선'을 지켜야 한다고 알려 주어야 하며 실천은 가정에서부터 시작되어야 한다.

딸의 방을 노크 없이 들어가는 부모, 사춘기 딸에게 뽀뽀를 강요하는 부모, 허락 없이 딸의 몸을 만지고 핸드폰을 뒤지고, 기분 좋으면 사랑한다고 말하고 자신이 요구한 것을 들어주지 않으면 침 뱉듯 비난을 뱉어 버리는 부모는 결국 자녀의 마음에 분노, 화, 두려움, 불안의 씨앗을 심는 것이다.

학교는 공부만 하는 장소가 아니며 사회성을 배우는 장소이기도 하지만 그 사회성의 시작과 모델은 결국 부모임을 잊지 말아야 한다. 고열이 난다고 모두 감기가 아니듯 피해 학생, 가해 학생 모두 부모와 사회가 보여 준 힘의 원리 안에서는 온전한 피해자이며 어른들이 외면하고 있던 증상을 대신 드러내고 있음을 알아야 한다. 또한 처벌은 부정적인 행동을 일시적으로 제거하지만 긍정적인 효과를 가져오지는 못한다. 학교폭력은 처벌보다는 해결을 위해 서로의 상처를 위로하고, 자신도 보호하는 회복적·정의적인 방법이 필요함을 알아야 한다. 전쟁 뒤에도 봄은 오고 꽃은 피듯이 폭력이 끝난 자리에 아이들은 서로 어울리고 놀지만, 부모들이 여전히 싸우고 있는 모습은 아이들을 위해서도 좋지 않을 것이다.

학교폭력 피해를 당한 학생은 반드시 상담이나 치료를 받을 수 있도록 해야 한다. 어떤 부모도 하늘을 막아 비를 못 내리게 할 수는 없다. 비록 아픔은 막아 주지 못했지만, 회복은 도와줘야 하는 것이 어른과 사회의 역할이며, 그런 도움을 통해 아이들은 PTSD(외상후스트레스 장애)가 아닌 PTG(외상후성장)를 경험하고 자기 삶의 온전한 주인으로 살아갈 수 있을 것이다.

PART 3

변화:

스스로 지키는 과정

'SELF', 잘 지키고 있나요?

'SELF'는 우리 삶 곳곳에서 쉽게 쓰이고 있는 단어이다. 하지만 '스스로'라는 의미의 이 단어에 대해 고민해 본 사람은 많지 않을 것이다. 누군가의 지시나 결과 때문이 아니라 나의 욕구를 내가 알아차리고, 그 욕구를 충족하기 위해 에너지를 사용하고 정보를 조직화하면서 결과와는 무관하게 자신의 선택과 행동에 만족해하는 이 모든 과정이 바로 'SELF'가 된다.

누군가가 나를 불러 주었을 때 꽃이 되고

사람은 누구에게나 자신을 지칭하는 이름이 있다. 나보다는 타인에 의해 더 많이 불리지만 이름이 있기에 누군가가 나를 부른다는 걸 알게 되고, 누군가가 나를 불러 주었을 때 내가 나임을 알게 된다. 마치 김춘수 시인의 〈꽃〉처럼.

하지만 사람은 꽃이 아니고, 또한 불러 주었을 때 비로소 꽃이 되는 수동적·의존적인 존재도 아니다. 누가 뭐라 해도 나 스스로 나를 꽃이라고,

나무라고, 때로는 구름이라고 부를 수 있어야 한다. 그리고 내가 원하지 않는 호칭으로 불릴 때조차 호칭으로 인해 존재감이 커지거나 작아져서도 안 된다.

"김 대리는 참 일을 잘해! 우리 회사에 딱 필요한 인재야!"
"우리 며느리는 야무져서 흠잡을 데가 한 군데도 없어. 어디서 이런 복덩이가 들어왔을까?"
"우리 남편은 외모, 능력, 성격까지 다 완벽해. 딱 내 이상형이야."
"강 대리는 사람이 참 친절해서 같이 있으면 참 편안하다니까."
"엄마가 시키는 대로 다 하니까 얼마나 이뻐! 역시 내 딸은 착해!"
이런 칭찬과 피드백을 들으면 누구라도 기분이 좋아진다. 하지만 이런 피드백은 타인의 만족감일 뿐 온전한 '나'가 될 수 없다. 오히려 이런 평가로 인해 나를 성장시키기 위한 다음 스텝을 망설이는 사람이 있다.

'부장님은 나를 믿고 계시는데 괜히 이런 말 했다가 나에게 실망하면 어떡하지?'
'어머님이 나를 더 이상 마음에 들어 하지 않으면 어떡하지?'
'엄마가 나 때문에 속상해하시면 어떡하지?'
'내가 친절하지 않으면 남자친구가 더 이상 나를 좋아해 주지 않을 거야.'
나의 욕구를, 생각을, 감정을 누르는 핑계를 기어이 찾아내면서 '어쩔 수 없었다'라고 말한다. 그래서 내가 하고 싶은 것에 대해 스스로, 나답게 잘 해내고 있는지 살펴보자.

나에게 나를 선물하는 것, SELF

우리는 스스로 얼마나 당당한 존재일까? 타인이 나의 삶과 나의 존재를 평가하도록 계속 내버려 둬야 할까?

흔히 마흔을 불혹이라고 한다. 어떤 유혹에도 흔들리지 않을 자신이 있다는 뜻이기도 하지만, 역설적으로 어떤 유혹이 없어도 흔들리는 나이라는 해석도 있다. 젊지도 늙지도 않은 나이, 관리자도 신입도 아닌 직위, 딱히 역할이 있는 것도 없는 것도 아닌 가정 내 위치, 파트너와의 관계에서 의리와 애정은 있지만 설렘과 긴장은 사라진 나이, 그 나이가 바로 불혹일 수 있다. 그리고 그때 비로소 자신에 대해 회고하는 사람들이 적지 않다.

시간은 모래처럼 손가락 사이로 빠져나가 버리고, 아이들은 더 이상 부모를 필요로 하지 않지만 그렇다고 예전처럼 젊지만은 않은 몸뚱이는 심심치 않게 자신의 존재감을 알려 준다. 오죽하면 허파꽈리 끝이 어디인지 정확히 짚어 낼 수 있을 만큼 육체의 존재감을 경험하게 된다고 한다.

독수리는 40년을 살고 나면 스스로 바위에 부리를 쪼는다. 피가 철철 흐르고, 그 고통도 말로 표현할 수 없을 것이다. 하지만 그 고통을 견디고 부리를 전부 깨서 버리면 새 부리가 자라서 다시 40년을 더 살 수 있다. 만약 고통을 참지 못하고 부리 쪼는 것을 멈춘다면 더 이상 부리 사냥이 어려운 독수리는 얼마 안 가 죽고 만다. 인간에게 있어 '부리'는 바로 'SELF'다. 그동안 누군가의 딸로, 아들로, 아버지와 엄마, 며느리, 사위… 직위와 직책으로 살아오던 나에게 비로소 '나'를 선물하는 것이기 때문이다.

많은 사람들이 상담에 'SELF'가 빈약한 상태로 온다. 이 말은 자신보다는 타인 위주의 삶을 살고, 내가 생각하는 '나'보다 타인이 만들어 준 '나'를 더 중요하게 생각하면서 살고 있다는 뜻이다. 다른 사람들을 신경 쓰고 싶지 않지만 여전히 신경 쓰고 있는 '나'가, 되고 싶은 이상적인 '나'와 살아 내고 있는 초라한 현실의 나와의 차이를 만들어 내고, 그 차이가 클수록 자존감은 낮아진다.

상담을 하면서도 끊임없이 다른 사람은 어떻게 생각할지를 묻기도 한다.

"원장님, 다른 사람들도 이런 고민으로 상담에 오나요?"

"원장님, 제가 다른 사람들에 비해 심각한 건가요?"

"상담받는 거 알면 다른 사람들이 이상하게 생각하지 않을까요?"

나의 옷을 보고 누군가 마음에 들지 않는다고 뭐라 할 수도 있고, 내가 고른 메뉴를 누군가는 못마땅해할 수도 있다. 관점, 성격, 가치관이 다름으로 인해 도출되는 당연한 결과다. 어릴 때 동요로 배운 것처럼 똑같은 건 젓가락 두 짝이면 충분하다. 다름을 이해하고, 인정하는 것이 'SELF' 찾기의 출발점이 될 수 있다. 반대일 경우 매번 패배감과 좌절감을 경험하게 된다.

영상을 보는데 엄마가 세 살짜리 아이에게 묻는다.

"너는 리더니? 따라가는 사람이니?"

세 살 아이가 대답한다.

"나는 리더예요."

엄마가 다시 묻는다.

"왜 그렇게 생각하니?"

아이가 대답한다.

"내 생각이니까요."

혹시 이 아이가 세 살이 아니라 서른 살이 아니냐고 묻는 사람도 있지만, 나이가 중요한 게 아니라 자신의 생각과 결정을 자신이 믿어 주는 그 마음이 더 중요하다. 그래서 우리는 이 아이에게 나를 사랑하는 법, 즉 나를 사랑함으로써 내 삶의 리더가 되는 법을 배워야 한다. 그러기 위해 삶의 모든 선택과 과정에서 주어가 '나'여야 한다.

자, 이제 여러분에게 묻고 싶다.

"여러분은 리더인가요? 따라가는 사람인가요?"

그리고 "여러분은 자기 삶에 리더로 살고 싶은가요? 누군가를 따라 하면서 살고 싶은가요?"

진정한
'나' 찾기

"버려야 할 것들을 버리지 못하면 나를 버리게 된다."

다산 정약용 선생의 말씀이다.

이 순간에도 누군가는 새로운 시작을, 누군가는 인생의 쓴맛을 보기도 했을 것이다. 사랑하는 사람을 떠나보낸 상실감에 아파하는 사람도 있을 것이며, 새로운 인연을 만나 설렘과 기대로 하루하루를 보내는 사람도 있을 것이다.

누가 더 잘 살았고, 누가 더 못 살았는지를 구분할 필요는 없다. 다만 내가 경험한 사건과 내가 만난 사람들, 그리고 누구에게나 똑같이 주어진 하루 24시간, 1년 365일에 어떤 의미를 둘 것인가? 그것이 관건이며, 그 안에서 나는 나를 얼마나 잘 보살폈는지가 가장 중요하다.

미니멀 라이프

한동안 미니멀 라이프가 유행했다. 삶에 꼭 필요한 것 외에는 잡다한 것들을 정리함으로써 삶의 모든 것들을 단순화시키는 것을 말한다. 다시 말해 시간, 물건, 빚, 집, 관계를 포함한 모든 생활 방식을 단순화시켜서 그 여유 공간에 소중히 여기는 가치를 더해 삶을 풍요롭게 만드는 과정이 미니멀 라이프의 진정한 의미이다.

이렇게 정리하다 보면 좁게만 느껴졌던 공간이 넓어지고, 그 공간에서 있는 것만으로도 여유가 생기는 것을 느낄 수 있으며 의미 없이 복잡했던 관계가 심플해지면서 나에게 소중한 사람과 내가 소중히 여겨야 할 사람이 분명히 구분된다.

단순히 버리기만 하는 것, 줄이기만 하는 것, 연락을 끊어 버리는 것은 순간의 가벼움은 느낄 수 있지만 그 안에서 만족을 경험하기는 쉽지 않을 것이다. 결국 의미 없이 놓아 버린 것들은 나에게 상실감과 허전함을 가져오게 되고, 결국 내가 놓았다고 생각한 그것들을 다시 붙잡느라 시간과 비용을 투자하게 된다.

그렇다면 미니멀 라이프에서 놓치지 말아야 할 것은 무엇일까? 바로 마음이다. 주변을 정리하면서 더 가치 있는 삶을 꿈꾸는 사람들은 많지만 정작 '내 안'을 정리하는 사람은 많지 않다. 이유는 간단하다. 보이지 않기 때문이다. 보이지 않기에 뒤편으로 물러나 있지만 보이지 않는 무의식, 보이지 않는 기억, 보이지 않는 상처가 내 삶과 관계에 더 강력하게 관여하고 있음을 경험하지 않은 사람은 드물 것이다.

물론 마음을 정리하는 건 어렵다. 보이지 않는 데다 복잡하고, 너무 많아서, 어디서부터 시작해야 할지 모르기 때문이다. 그리고 성적이나 먹고사는 것과 하등 관계없다고 대우받는 마음에 대해 배워 본 적이 없고, 가르쳐 준 사람도 없었다. 눈에 보이는 성과와 측정할 수 있고 검증할 수 있는 결과물들이 한 사람을 평가하는 데 유일한 기준으로 작용해 왔다. 하지만 좋은 직장, 멋진 외모, 훌륭한 부모님, 넉넉한 경제력으로 모두의 부러움을 사는 사람들을 넘어뜨리는 것, 결국 마음이다.

내 인생의 대표주자는 나

인간이 망각의 동물이기 때문에 살아간다는 말처럼 많은 것들은 기억 속에 묻히고, 시간이 지나면서 대수롭지 않게 취급되지만, 생선 덮은 보자기에서 비린내가 나는 것처럼 해결되지 못한 마음의 문제들은 생활에서 비슷하거나 때로는 비슷하지 않은 단서들을 만날 때마다 나를 괴롭히는 감정이 되어 나를 늪으로 밀어 넣는다.

그렇다면 감정에 휩쓸리지 않으려면 어떻게 해야 할까? 해결되지 못한 감정을 통장의 잔고보다 많이 갖지 않는 방법은 또 무엇일까?

지금의 나는 내 인생의 대표주자다. 운동경기에는 그 종목에서 가장 기량이 뛰어난 선수를 출전시킨다. 그런데 '나'는 문제가 생기고, 어려움이 닥칠 때 경험과 지식과 힘이 센 지금의 내가 아닌 예전의 나를 소환해서 그 아이를 대표주자로 내보낸다.

엄한 아버지 앞에서 고개조차 제대로 들지 못했던 어린 내가 어른이 된 지금은 상사의 부당한 요구 앞에서 말 한마디 못 하고, 착한 아이라는 칭찬 안에 갇혀서 거절 한 번 못 해본 그 아이는 남자친구의 억지 앞에서도 여전히 착한 아이로 미소만 보인다. 그 방법은 그때 그 아이가 문제를 해결하고 살아남기 위한 최선의 방법이었다. 그것을 의심할 필요는 없다. 하지만 그때 입었던 옷이 아무리 따뜻하고 좋아도 어른이 된 지금의 나에게는 맞지 않는다. 지금 내가 경험하는 문제에서 지금의 내가 아닌 과거의 내가 대표주자가 된다는 것은 이미 촌스럽고, 낡았고, 작아진 그 옷을 여전히 입어보겠다고 우기고 있는 것이다.

사회적, 가정적, 신체적으로 문제가 없는데도 체한 것 같은 답답함으로 상담에 오는 경우가 많다. 주변 사람들에게 얘기를 해봐도 딱히 이렇다 할 해결책이 없고, 심지어는 "그깟 일로 고민하는 게 이상하다"라는 핀잔까지 듣는다. 욕먹을까 봐, 거절당할까 봐, 미움받을까 봐 나의 감정을 드러내지 못한 채 사랑받고 싶은 마음, 인정받고 싶은 마음을 부정하거나 회피하면서 살고 있으면서 내가 아닌 타인이 기대하는 모습으로 살아가고 있기 때문이다.

오늘은 두 번 다시 오지 않는다. 더는 미뤄서도 안 되고, 미룰 수도 없는 주제, 바로 '나'여야 할 것이다. 온전한 내 편 들어주기, 내 목소리 내기, 내 삶의 대표주자로 그동안 어리고, 힘없고, 알지 못하고, 두려워서 위로받지 못하고, 격려받지 못한 그 아이들이 더 이상 상처받지 않고, 지금의 문제 앞에서 대표주자라고 튀어나오지 못하게 충분히 위로하고 사랑해 주면서 진정한 미니멀 라이프, 나를 버리지 않아도 되는 삶을 살기 바란다.

습관이
운명이 된다

습관의 중요성에 대한 말로 "세 살 버릇 여든까지 간다"라는 속담이 있다. 사람들은 언제부터 생겼는지는 모르지만, 한 가지씩의 습관을 갖고 있고, 그 습관으로 인해 발생하는 문제 혹은 습관 때문에 얻어지는 칭찬을 듣고 살아간다.

그렇다면 어떤 습관이 좋은 습관이고 또 어떤 습관이 나쁜 습관일까?

살아오면서 한 번쯤…

상담실에 오는 사람 중에 자신을 부정적이라고 표현하는 사람들이 많다. 어떤 면에서 자신이 부정적이라고 생각하는지를 물어보면 자신은 살아오면서 화나고, 속상하고, 억울한 일이 참 많았다는 것이다. 다른 사람은 행복하고, 평탄하게 사는 것 같은데 왜 자신만 불행한지 모르겠다고 호소한다.

실제로 이렇게 호소하는 사람의 살아온 인생을 들어 보면 살아 있는 것이 용하다 싶을 만큼 사건도 많고 사연도 많아서 듣고 있자니 저절로 안쓰

러워지지만 그렇다고 다른 사람들과 크게 다르지 않은 것 또한 사실이다.

살아오면서 한 번쯤 죽을 고비 안 넘긴 사람 없고, 부모님이 부부싸움 한 번 안 한 집이 없고, 나를 억울하게 만드는 형제자매는 집마다 존재하며, 나만 끼워 주지 않는 친구들은 교실마다 존재하고, 나만 혼자인 것 같은 학교생활은 매년 반복되며 내 능력만 알아봐 주지 않는 직장 상사는 어디에나 존재한다.

그럼에도 다른 사람 인생은 행복하다고 말하고, 내 인생만 초라하고 불행하다고 생각하는 것 역시 '습관'이라고 할 수 있다. 습관은 일상에서 나에게 필요하다고, 또는 내가 편안하다고 생각되는 것들을 반복해서 선택함으로 인해 만들어지는 '루틴'이다. '프레임'이라고도 표현하며 만들어지는 과정을 조형(shaping)이라고 하고 만들어진 것을 틀(schema)이라고 한다.

그렇다면 우리에게 무언가를 선택하게 하는 이유에는 어떤 것이 있을까? 부모님의 강요로, 친구랑 어울리기 위해서, 성취감을 얻기 위해서, 살아 내기 위해서, 또는 즐거움을 추구하거나 위험을 피하려고 선택했고, 선택을 통해 얻어지는 칭찬을 포함한 여러 보상 때문에 선택을 반복하게 되는 것이다.

그런데 한때는 나에게 보상으로 돌아왔던 선택이 어느 순간 갈등이나 문제가 되어 나를 힘들게 만들어 나를 적응하지 못하는 사람, 부정적인 사람, 감사할 줄 모르는 사람으로 인식하게 된다. 사람은 성장하면서 발달하기 때문이다. 그때는 나에게 필요했거나 당연하게 생각되었던 것들이 나이를 먹고, 환경이 바뀌고, 대상이 바뀌고, 생각이 바뀌면서 더 이상 필요하지 않게 되었음에도 그것을 의식하지 못한 채 익숙함 때문에 습관적으로 선택하게 되고, 그로 인해 문제가 발생하게 되는 것이다.

습관을 위한 습관

지원 씨 엄마는 불안이 높은 사람이었다. 바람이 불면 남편이 집으로 돌아오지 못할까 봐 걱정을 했고, 날씨가 좋으면 내일 바람이 불까 봐 걱정을 했다. 일어나지 않은 일에 대한 걱정까지 가불해 오는 자신을 발견할 때마다 무언가를 정리하고 치웠다. 현관의 신발은 항상 가지런해야 하고, 모든 물건은 항시 제자리에 있어야 했다. 저녁 9시가 되면 무슨 일이 있어도 불을 끄고 아이들을 재움으로써 수선스러움을 정리했고, 밥 먹기 전에는 어떤 군입거리도 주지 않음으로써 식습관을 정리했다. 이뿐만 아니라 걸을 때는 적절한 높이로 팔을 흔들며 반듯하게 걸어야 했고, 음식을 먹을 때는 소리를 내면 안 된다고 밥상을 정리했다. 이 모든 것들을 지키면서 자식들에게는 좋은 '습관'을 지켜야 한다고 강조했고, 지키지 못했을 때는 자식을 혼내서라도 자신의 불안을 달랬다.

하지만 지원 씨를 포함한 형제 중 누구도 엄마가 경험하는 불안을 알지 못했다. 그 모든 게 이해하기 힘든 엄마의 습관이라고만 생각했다. 그러니 어떻게든 엄마의 눈을 속이고, 순간을 모면하면서 살다 보니 첫째는 규칙이 필요 없는 안하무인이 되었고, 둘째는 엄마보다 더한 불안을 안고 살고 있고, 셋째는 자신이 통제할 수 없는 상황이 오면 분노를 참지 못하고 터트려 버리는 또 다른 습관 때문에 일을 하거나 사람을 상대하면서 문제를 끊임없이 만들어 냈다. 그리고 그렇게 형성된 습관은 어른이 되어서 더 강화되었고, 결혼 이후에는 배우자에게 자녀들에게 비난으로, 평가로, 조롱으로, 무시로, 분노로, 의심으로, 의존으로, 불안으로 소나기가 되어 쏟아지게 된다.

행동주의 이론에 따르면 인간의 모든 행동은 학습에 의해 이뤄진다고 했다. 여기에서 말하는 학습은 학업능력과는 다른 개념으로 환경 안에서 개인이 배우고 익히는 모든 것들을 의미하는데, 긍정적인 것뿐만 아니라 부정적이고 역기능적인 것까지 배우게 된다는 뜻이다.

한 예로 공포가 전이되는지를 알아보기 위한 어린 앨버트 실험이 있다. 아직 세상과 사물에 대한 편견이 부족한 앨버트는 실험 전에는 쥐를 포함한 모든 동물에 거부감이 없다. 실험이 시작되고 앨버트가 동물을 만질 때마다 철통을 두드려서 굉음을 냈고, 그때마다 앨버트는 경기를 일으키게 된다. 그리고 실험 시작 몇 달 만에 앨버트는 동물을 포함해 동물과 촉감이 비슷한 모피에 대해서도 강한 거부감을 일으키기 시작했다. 공포반응 역시 반복을 통해 학습되고, 이것은 털 달린 것들만 보면 공포를 느끼고 거부하는 '습관'으로 연결되어 버린다.

물론 습득된 모든 행동은 다시 학습을 통해 '소거'될 수 있다. 다만 습득이 일상에서 자연스럽게 이뤄졌다면 '소거'는 애써 노력해야 한다는 것이다. 앨버트처럼 학습되는 과정이 강렬할수록 소거되는 과정도 힘들 수밖에 없다. 오죽하면 습관을 바꾸는 것은 뼈를 새로 맞추는 것과 같은 고통이 따른다고 하겠는가?

예를 들어 공황장애가 있는 사람에게 엘리베이터를 무한 반복해서 태우거나 물 공포가 있는 사람에게 물놀이를 질릴 때까지 시키는 홍수법(범람법), 그리고 특정공포증이 있는 사람에게 덜 위협적인 동물부터 점점 위협적이라고 생각되는 동물로 단계를 높여 가며 상상해 보거나 만져 보게 하는 동시에 이완훈련을 시키는 체계적 둔감법도 모두 습관을 바꾸는 방법이라고 할 수 있다.

세상과 타인을 이해하는 나만의 방식, 습관

이지성 작가의 《꿈꾸는 다락방》에서도 습관을 엿볼 수 있다. 이지성 작가는 상대성이론으로 성공한 다양한 사람들을 언급하면서 꿈을 현실로 만드는 공식, "R=VD"를 제안했다. 작가에 따르면 누구든지 자신이 원하는 어떤 거라도 생생하게(vivid), 꿈꾸면(dream), 이루어진다(realization)고 했다. 꿈을 꾼다는 건 단회성이 아니라 자주, 열심히, 지속적으로 상상하는 것을 의미한다. 즉, 자신이 되고 싶은 모습에 대해 끊임없이 상상하는 '습관'을 들이면 그것은 곧 현실이 된다는 것이다.

습관은 세상과 타인을 이해하고 인정하는 나만의 방식이다. 사람마다 습관을 이해하는 방식이 다르니 습관도 모두 다를 수밖에 없다. 나의 습관이 내가 세상을 이해하고 인정하는 데는 적절할 수 있지만 다른 사람에게는 맞지 않을 수 있다는 것도 기억해야 한다.

아버지니까, 엄마니까, 사장이니까, 선배니까. 다양한 타이틀을 앞세워 아직 경험이 없는 사람들에게 나의 습관을 강조하는 것 역시 누군가를 바꾸려는 잘못된 '습관'임을 알아야 한다. 다른 사람의 습관을 지적하고, 바꾸려 하기 전에 나의 습관부터 점검해 보는 노력이 필요할 것이다. 그리고 나 혼자만 편해지자고 갖고 있는 습관 또한 버려야 할 습관임을 알아야 한다.

이제 습관의 무서움, 습관의 중요성을 알았으니 보다 나은 내일을 위해 무엇을 고치고, 무엇을 갈무리해야 할지 점검해 봐야 할 것이다.

사라지지 않는 상처,
트라우마

30대 직장인 경호 씨는 무기력함 때문에 상담에 왔다. 남들이 보기엔 충분히 좋은 직장과 멋진 외모에도 불구하고, 이성이나 결혼에 관심도 없고, 직장생활에서의 만족감도 떨어져서 퇴사를 고민하고 있으며, 어릴 때부터 해오던 종교 생활에도 특별함이 없는데 마땅히 그만둘 이유를 찾지 못해서 일요일이면 습관처럼 옷을 입고 집을 나선다.

경호 씨의 문제는 무엇일까?

우울증과 관련된 증상을 호소하고 있지만, 기질적 취약성이나 환경의 위험에서 유발된 우울과는 달랐다. 어린 시절부터 굉장히 순종적이고, 자기 할 일을 잘 해왔기 때문에 선생님이나 부모로부터 혼난 기억도 없다. 경호 씨는 자신이 왜 이런지에 대해 끊임없이 생각했지만, 이렇다 할 원인을 찾지 못해서 상담 시기가 늦어졌고, 문제를 더 심각하게 만들었다.

가족구성원에 대한 탐색에서 경호 씨는 아버지에 대해 이렇게 진술했다. '지독한' '답답한' '화내는' '참지 못하는'이라는 수식어를 사용하면서 아버지라는 단어에서 상당한 망설임을 보였다.

지현 씨는 20대 후반의 직장인이다. 외모도 성격도 좋아 보여서 어디를 가든 환영받고, 사람들에게 인기도 많지만, 어린 시절 경험한 교통사고 때문에 운전을 못 하는 것은 물론이고, 차를 타고 장거리를 가는 것이 두려워 태어난 곳을 벗어나지 못한 채 살고 있다. 하지만 지현 씨는 이곳을 벗어나고 싶은 강렬한 욕구가 있다. 게다가 십수 년이 지났음에도 평소에는 잘 지내는 것 같지만 컨디션이 안 좋을 때나 스트레스가 심해질 때면 차를 타는 것에 대한 두려운 증상이 더 심해지고, 교통사고와 관련된 꿈을 반복해서 꾸게 돼서 수면의 질도 상당히 떨어져 있다.

현정 씨는 버스를 타고 가다가 생판 모르는 사람으로부터 성추행을 당한 뒤 비슷한 모습의 사람만 봐도 심장이 심하게 뛰고, 온몸에서 식은땀이 난다. 그리고 사람을 만나면 상대방도 자신을 보면서 성과 관련된 생각을 할까 봐 긴장하게 되고 몸이 움츠러들기도 하면서 직장생활에도 문제가 생겼다. 요즘 "무슨 고민 있냐?"는 염려를 많은 사람들로부터 듣고 있으며 대중교통을 이용할 수가 없어서 울며 겨자 먹기로 차를 사야만 했다.

사고는 우연히 발생하지만, 상처는 우연히 사라지지 않는다

살면서 누구나 한 번쯤은 직접 또는 간접적으로 충격적인 사건을 경험할 수 있다. 교통사고를 당했거나 목격한 것뿐만 아니라 부모님의 싸움 장면을 보거나 폭력을 당한 사건 등 내가 선택하지 않았고 원하지 않았지만, 경험한 사건은 셀 수 없이 많다. 그럼에도 살아갈 수 있는 이유는 처음에는 놀라고, 아프고, 당황스럽고, 한동안은 사건 당시의 기억이 자꾸 떠올라 힘들지만 시간이 지나면서 차차 사건과 관련한 기억이 옅어지고, 심리적인 안정을 찾게 되기 때문이다.

하지만 이런 사고를 경험한 사람 중 극히 일부는 그 사건에 대한 기억이 한 달 이상 지속되면서 악몽에 시달리고, 불안과 긴장감이 가시지 않거나, '자라 보고 놀란 가슴 솥뚜껑 보고 놀란다'라는 속담처럼 작은 단서에서 극도로 예민하게 반응하게 되거나 반대로 강한 자극에도 무감각해지는 '외상 후 스트레스 장애'를 경험하게 된다.

어린 시절 무서운 아버지와의 관계에서 경험한 경호 씨의 관계 트라우마, 사고와 사건으로 인한 지현 씨의 트라우마, 그리고 성 관련 피해자가 되어 버린 현정 씨의 트라우마, 이들은 모두 환경이 다르고 경험한 사고와 사건은 다르지만 '트라우마'라는 공통된 어려움을 갖고 있다.

통계적으로 자연재해를 겪었을 때는 약 5%, 사건·사고에서는 7~10%, 성폭행이나 총기사고와 관련된 사건·사고는 35~50% 정도의 피해자가 외상 후 스트레스장애(PTSD)를 경험하고 불안과 분노, 죄책감부터 우울감까지 여러 부정적인 감정을 느낀다고 한다.

일반적으로 외상 후 스트레스 장애를 경험하는 이들을 바라보는 주변의 시선은 '가엽다' '측은하다'도 있지만 '정서가 너무 약하고, 의지박약이라 그렇다'라고 표현하기도 하는데, 이런 부정적인 평가와 시선이 트라우마 환자들을 더 힘들게 한다. 아이들은 넘어져서가 아니라 넘어진 것에 대한 주변 사람의 반응을 보고 울지 말지를 결정하고, 다양한 폭력에서도 폭력 자체보다 2차 가해로 인한 상처를 더 많이 경험하게 되는 것과 같은 이유다.

미국 정신질환 진단 및 통계편람(DSM-5)에 따르면 외상 후 스트레스 장애에는 사건 경험 후 1개월 내 증상이 완화되는 급성 스트레스 장애, 1개월 이상 지속되는 외상 후 스트레스 장애, 반응성 애착장애, 탈억제 사회관여 장애, 그리고 적응장애가 있다. 이런 사건을 경험한 사람은 자신을 보호하기 위해 무의식적으로 방어기제라는 것을 사용하게 된다. 사건 자체를 부인하거나, 어쩔 수 없다고 합리화하거나, 기억하지 않으려고 억압하거나, 환경이나 타인에게 투사하기도 한다. 하지만 뭐든 과하면 부족함만 못하듯이 방어기제 역시 건강한 수준의 활용은 빈도, 강도, 연령적합성과 철회가능성을 살펴야 한다.

트라우마 증상은 이상이 아닌 정상이다

어떻게 해도 뛰어넘을 수 없는 아버지이지만 그 아버지조차 마음껏 미워할 수 없는 경호 씨는 자신을 미워하게 되면서 세상 곳곳에서 아버지의 시선을 느끼고 있을지 모른다.

외상 후 스트레스 장애 치료는 비슷한 상황에서 현실적으로 위험을 해결해 보고 자신의 해결능력에 대한 자신감을 키우는 노출요법, 눈동자의 움직임을 통해 자극을 둔화하는 안구운동민감소실(EMDR), 호흡을 활용한 이완요법뿐만 아니라 약물치료도 고려될 수 있다.

외상 후 스트레스 장애 치료에서 중요한 것은 사고 초기에 적절히 대응하는 것이 심각한 상황으로 가는 것을 막고, 충격과 불안에서 빨리 회복하게 한다. 사람마다 상처가 회복되는 시기는 다를 수 있다. 내 기준으로, 사회적 기준으로 누군가의 상처를 가볍게 보거나, 왜 아직도 힘들어하느냐고 비난하거나, 상처를 나약함의 증거로 보지 않으려는 노력이 필요하다.

트라우마의 모든 증상은 '이상'이 아니라 '정상'임을 인정해 주어야 한다. 사건을 경험한 것, 사건 이후 힘들어하는 것, 힘든 것 때문에 괴로워하는 것 모두가 정상이다. 누구도 상처로부터 자유로운 사람은 없으니 누군가의 상처를 보거든 "아프겠다" "힘들었겠다" 하고 위로의 말을 건네길 바란다.

집착에서 자유로워지기

모든 대상이 '적'이 되었다

지훈 씨 어머니는 성인이 된 지훈 씨를 억지로 상담실로 끌고 오면서 혹시 정신병이 아닐까 크게 염려했다. 고슴도치 어미의 관점에서 바라보아도 아들의 행동이나 생각이 평범하지 않기 때문이다.

그중에서도 돈에 대한 집착은 시간, 장소, 대상을 가리지 않고 나타났다. 먹는 것 외에 쓰는 돈에 대해서 지훈 씨는 시간이나 장소, 대상을 불문하고 필요 이상으로 화를 냈고, 돈과 관련해서 항상 억울함과 불합리함에 대한 불만이 있었다.

"나보다 게으른 사람이 왜 나랑 같은 돈을 받아야 해요?"

"나보다 일을 적게 하는데 왜 사장이 돈을 더 가져가요?"

"나이 먹었다고 다 일 잘하는 거 아닌데, 왜 경력직이라고 돈을 더 줘요?"

"왜 선생님은 별로 하는 거 없이 돈을 받아요?"

모든 대상이 지훈 씨에게는 돈과 관련돼서 '적'이었다.

지훈 씨 어머니는 워낙 가난하게 시작한 살림살이에 아이들까지 키우다 보니 경제적인 여유가 없었고, 그러다 보니 어쩌다 한 번 주는 용돈도 두 번 세 번 '아껴 쓰겠다'라는 약속과 다짐을 받아 내고서야 주었고, 그나마도 주지 못할 때가 대부분이었다. 용돈 대신 현재 살림이 얼마나 어려운지에 대해 지훈 씨를 앉혀 놓고 구구절절 하소연을 늘어놓았다.

지훈 씨는 항상 피로와 삶에 절어 있는 엄마를 보면서 준비물을 사야 한다는 소리를 할 수 없었고, 다른 친구들이 수업에 참여할 때 교실 뒤편에 나가 친구들의 뒤통수를 멍하니 바라보고 있어야 하는 날이 많았다. 그러니 학교가 끝나고 친구들이 학교 앞 문방구나 분식집에서 군것질할 때 지훈 씨는 서둘러 집으로 와야 했고, 돈이 없는 삶의 불편함을 몸소 느껴야 했다. 그래서 돈이 많으면 좋겠다는 상상을 항상 해 왔었다.

'어떻게 하면 돈을 많이 벌 수 있을까?'

'어떻게 하면 단시간에 부자가 될 수 있을까?'

이런 지훈 씨의 돈에 대한 집착에 마침표를 찍은 사람은 다름 아닌 아버지였다. 엄마의 절약 정신이 무색하리만치 지훈 씨 아버지의 지갑과 주머니는 항상 열려 있어서 지훈 씨 아버지 곁에 있는 사람들은 언제나 배가 불렀고, 웃음이 넘쳤고, 삶이 여유로웠다. 내 집 쌀독에 쌀이 떨어진 건 몰라도 이웃집 쌀독에 쌀이 떨어지면 부리나케 달려가 쌀을 사서 채워 주었다. 온 동네 경조사에 한 번도 빠지지 않았으니 이렇다 할 직업이 없었음에도 지훈 씨 아버지는 새벽에 나가 한밤중이 되어야 집으로 돌아왔고, 주말에도 집에 있는 날이 거의 없었다. 지훈 씨 어머니가 한 푼을 모으면 두 푼을 내다 써 버리는 남편 때문에 지훈 씨 어머니는 애먼 아이들에게 화풀이하거나 신세 한탄을 했다.

돈에 집착하느라 놓쳐 버린 것들

지훈 씨는 키가 작고 몸집도 왜소했다. 유전의 영향일 수도 있지만 지훈 씨 생각은 달랐다. 자신이 한창 커야 할 시기에 너무 돈돈 하면서 자신의 영양을 채워 주지 못한 엄마와 이웃만 챙기는 아버지 때문이라 생각했다. 살아오면서 갈등 없이, 문제없이, 어려움 없이 사는 사람이 없음에도 지훈 씨는 문제가 생길 때마다 거울에 비치는 자신의 작은 체구를 원망했고, 그 원망은 다시 부모에게로, 부모가 '돈 돈 돈' 하느라 자신을 충분히 돌봐 주지 않은 것으로 향했다.

'제가 조금만 더 잘 먹었더라면….'

'그때 엄마가 저를 조금만 더 챙겼더라면….'

'제가 지금보다 키가 조금만 컸더라면….'

아쉬움과 억울함은 엮어 놓은 굴비처럼 줄줄이 달려 나왔다.

지훈 씨의 소망은 돈을 많이 벌어서 부자가 된 다음에 마음에 맞는 이성을 만나 좋은 가정을 이루는 것이다. 이상형도 분명했다. 이쁘고, 성격 좋고, 말이 잘 통하고, 학벌도 좋고, 집안도 좋은 누구나 꿈꾸는 그런 이성도 좋지만 '키가 큰 사람'이 지훈 씨의 이상형이었다. 키가 크면 무시당하지 않고, 키가 크면 사람들한테 인기도 많고, 키가 크면 일자리 구하기도 쉽고, 키가 크면 일하는 것도 좀 수월하기 때문이고, 일단 키가 크면 마음이 여유롭기 때문이라고 말했다.

맞는 말 같지만 지훈 씨가 말하는 것들은 사실 '키'와 직접적인 상관이 없지만 지훈 씨는 성공, 행복, 친구관계, 수입, 여러 가지가 '키'와 인과관계를 맺고 있다고 믿고 있었다. 즉, 자신이 키만 컸다면 그 모든 일을 당하지 않았을 것이고, 키만 컸다면 자신이 돈에 집착하지 않았을 것이고, 키만 컸다면 부모님과도 사이가 좋았으리라 생각하면서 자기 삶은 모든 문제의 원인이 '키' 때문이라고 믿고 있다.

하지만 현재 자신의 열악한 외적 조건으로는 좋은 이성을 만나는 것도, 좋은 직장을 구하는 것도, 남들과 비슷한 행복을 찾는 것도 불가능할 거라 생각했다. 그래서 그 많은 문제를 한꺼번에 해결할 방법은 어렸을 때부터 귀에 못이 박히도록 들어왔던 '돈'이라고 생각하고 더 돈에 집착하게 된 것이다.

지훈 씨는 성실하고 부지런한 청년이었다. 제대한 이후에 단 하루도 쉬어 본 날이 없었다. 평일에는 일을 나갔고, 주말에도 아르바이트하느라 쉬는 날이 없었다. 그렇게 하루 여섯 시간 아르바이트해서 받는 시급은 6만 원이었다. 그 돈에서 자신이 먹고 싶은 것을 사 먹고 남은 돈은 전부 저축했다. 사 먹는 것도 외식보다는 포장을 해서 먹고, 돈 쓰는 것이 아까워서 친구도 없었다.

지훈 씨는 돈을 내고 상담을 받는다는 것을 이해할 수 없다. 자신은 문제가 없는데 자신의 하루 일당보다 더 비싼 돈을 내고 상담받으라고 말하는 엄마를 더더욱 이해할 수 없다. 우유 하나 선뜻 사주지 않던 엄마, 용돈 한번 시원하게 준 적 없던 엄마, 항상 돈 돈 거리던 엄마가 지극히 정상인 자신을 상담실에 밀어 넣고는 기만 원 하는 비용을 척하니 결재

하는 모습에서 이미 화가 난 지훈 씨가 상담에서 가장 먼저 던진 질문 역시 "선생님, 제가 이상한가요?"였다.

"본인이 이상한 사람일까 봐 걱정되세요?"라고 다시 질문을 던졌다. 지훈 씨는 자신이 얼마나 정상이고, 얼마나 바른 청년인지를 상담 시간마다 호소했다. 하지만 자신의 호소가 타인은커녕 자신조차 설득하지 못하고 있음을 지훈 씨는 알아갔다.

작은 거인의 '즐거움'을 응원하며

지훈 씨는 신뢰 부재로 발생하는 성격장애 관련 특성을 일부 보이고 있었다. 이는 부모에게 충분히 수용되지 못했거나 거부당했던 경험의 반복으로 초반에는 조용하고 수줍으며 순종적인 모습을 보이고, 내면적 공상 속에서 자신의 좌절된 욕구를 해소하다 보니 타인과 관계 맺는 능력에 어려움을 보이게 된다.

그러다 보니 '다른 사람들과 관계를 맺으면 문제만 일어난다' '다른 사람들과 거리를 유지하는 것이 안전하다' '아무도 나를 간섭하지 않았으면 좋겠다'라는 신념을 갖게 되고, 관계가 협소하고 가까운 사람에게도 마음을 터놓지 못하며, 정서적인 냉담·무관심 또는 둔마된 감정반응을 보이게 된다.

지훈 씨에게는 무엇보다 일상생활 속에서 즐거움을 경험하도록 돕는 것이 필요하다. 기쁘고, 유쾌하고, 흥분되고, 기대되고, 편안한 긍정적인 정서 경험을 늘리고 서서히 확대해 나갈 수 있도록 돕는 것과 인간관계를 형성하고 유지하는 적절한 기술을 습득하도록 도와줌으로써 자신이 외모나 돈과는 무관하게 어울릴 수 있고, 수용 받을 수 있고, 이해받을 수 있다는 것을 깨닫게 될 것이다.

상담마다 얼마나 잘 견디고 있는지 격려해 주고, 얼마나 대단한 사람인지 칭찬해 주고, 당연하게 넘겼던 일상 안에서 지훈 씨가 이뤄 낸 성취와 노력을 알아차려 주면서 지훈 씨는 처음으로 자신의 작은 키를 원망하지 않고, 돈이 없는 것과 무관한 경험을 해볼 수 있었다.

지훈 씨는 자신이 작은 거인임을 알았다. 그리고 작은 거인에게는 친구가 필요하고, 격려가 필요하고, 즐거움이 필요함을 알게 되었다. 그럼에도 지훈 씨의 돈에 대한 집착이 당장 없어지는 건 아니다. 하지만 돈을 모으는 이유가 '복수'가 아니라 '즐거움'으로 달라질 것이다.

선택적 함구증

초등학교 1학년 혜원이는 자그마한 체구에, 핑크 뿔테 안경을 착용하고 있었다. 행동도 눈맞춤도 조심스럽기만 했던 혜원이는 또래와는 달랐다. 보통 상담실 안에서 부모가 면담을 하고 있으면 문 뒤편에서 어슬렁거리거나, 귀를 쫑긋 세워 문 뒤에 몸을 바짝 붙여 궁금증을 표현하는 것과 달리 혜원이는 엄마가 문을 열고 나갈 때까지 15분 동안 문 너머에 단 한 번도 나타나지 않았다.

눈맞춤도 정상이고, 소근육과 대근육 사용도 정상이지만 언어로 자신의 생각과 의사를 표현하지 못하는 아이를 몇몇 비언어적인 것만으로 판단하기는 쉽지 않았다.

상담실로 혜원이를 초대하고 인사를 건넸지만, 혜원이로부터 어떤 대답도 건너오지 않았다. 상담에 대한 구조화와 함께 어떤 얘기도 비밀보장이 된다는 약속을 했음에도 혜원이의 목소리를 들을 수는 없었다. 엄마가 염려했던 바로 그 상황이다.

"저희 혜원이가 밖에서는 그 누구와도 얘기를 안 해요."

선택적 함구증이다.

선택적 함구증이란?

부모, 가족 등의 대상이나 가정과 같은 안전한 상황에서는 말을 하면서도 다른 사회적 상황에서는 말을 개시하지 않거나, 다른 사람의 말에 언어적으로 반응하지 않아 교육적, 직업적 성취나 사회적 의사소통에 장해를 경험하는 것을 말한다. 소아불안장애의 일종이며 일반적으로 5세 이전에 발병하나 보통 초등학교 입학 후 발표 상황이나 소리 내서 책을 읽어야 할 상황에 발견되어 치료나 상담에 오게 되는 경우가 흔하다.

말 대신 고개를 끄덕이거나, 손가락으로 가리키는 행동 사용, 글씨 쓰기 등 비언어적 행위로 의사소통을 하며, 양육 과정에서 발견할 수 있는 특징으로는 수줍음, 사회불안, 사회적인 고립, 사회불안 등이 관찰된다.

선택적 함구증을 앓고 있는 아이들이 말을 하지 못하는 이유는 말하는데 필요한 지식이 없어서가 아니다. 또래와 비슷한 수준의 언어기술을 갖고 있음에도 여러 가지 이유로 하지 않는 것이다. 즉, 말을 할 줄 알지만 자신이 안전하다고 생각되는 상황을 '선택적'으로 골라서 언제, 어디서, 누구에게 말할 것인지를 선택한다.

이 아이들에게 억지로 말을 하게 하거나, 말하지 않는 것에 대해 비난하거나 또래와 비교하거나 '넌 왜 그래?'라고 평가하는 것은 아이를 더 불안하게 만들 뿐이다. 어떤 상황에서도 아이가 편안함을 느낄 수 있도록 배려해 주어야 한다.

말하는 것을 어려워하는 혜원에게 그림 그리는 것을 좋아하는지 묻자 고개를 끄덕였다. 종이를 주고 그림을 그려 보게 했다. 혜원의 그림 솜씨는 또래보다 상당히 높은 수준이었다. 형식적인 칭찬이 아닌 진심으로 그림 솜씨를 칭찬해 주었다. 그렇게 두 번째, 세 번째, 네 번째 그림을 그릴 때까지도 혜원은 마치 그림을 그리기 위해 이곳에 온 사람처럼 묵묵히 그림만 그렸다.

그림이 거의 완성되어 갈 때쯤에는 나름 청소년상담 베테랑인 나조차도 살짝 긴장되었다. 그림을 그릴 때 아이가 보여 주는 태도나 필압, 크기, 위치 등으로 어느 정도 아이 심리나 안정감 정도는 파악할 수 있지만, 아이가 진술하는 언어야말로 아이가 환경 안에서 경험하는 여러 가지를 알 수 있는 중요한 도구이기 때문에 이제 그려진 그림을 보며 질문을 던져서 아이의 심리상태를 확인하고 파악해야 하기 때문이다.

'진짜 한마디도 안 하면 어떡하지?'

혜원이가 그린 그림을 들어 보이며 말했다.

"혜원아, 네가 멋지게 그려 준 이 집이랑 나무가 선생님한테 말을 하고 싶어 하는데, 얘네들은 말을 못 하니까 네가 대신해 줄 수 있을까?"

그러자 작은 고개가 끄덕여졌다. 혜원이는 엄마와 나의 염려가 무색하게 작지만 분명한 목소리로 그림에 대한 질문에 대답을 해주었다.

"아~ 그랬구나! 어쩐지 멋있더라."

"이 집도 혜원이가 예쁘게 그려 줘서 너무 행복하다고 말하고 있네."

"와~ 혜원이가 직접 말해 주니까. 너무너무 이해가 잘 된다."

"혜원이 너는 어쩜 그렇게 말을 예쁘게 잘하니? 대단하고 멋지다."

여전히 쭈뼛거리며 조심하는 모습이지만 그림에 관한 질문에 답을 끝내고 상담실을 나가는 혜원이는 처음과는 달리 웃고 있었다.

안전하지 않아서 안 하는 거예요

혜원이를 포함한 많은 선택적 함구증 아이들은 말을 먼저 시작하지 않거나 타인의 말에 반응이 없다. 혜원이가 나의 질문에 대답을 해주고, 반응을 해준 건 상담사인 나에게도 하나의 도전이었고, 과제였지만 혜원이의 도움으로 멋지게 성공해 낸 것이다.

혜원처럼 선택적 함구 증상이 1개월 이상 지속되어 개인의 학업적, 직업적 성취나 의사소통에 지장이 생길 경우 선택적 함구증 진단을 받을 수 있다. 혜원이의 경우 벌써 학교에 입학하고부터 2년 가까이 선택적 함구증으로 지내 왔으니 그간 아이가 겪었을 불편함은 이루 말로 표현할 수 없을 것이다.

선택적 함구증은 소아청소년기에 나타나는 불안장애의 일종으로 분류된다. 따라서 선택적 함구증 아동들은 말 더듬기와 같은 의사소통 장애 증상이 아닌 사회적 상황에 대한 두려움과 불안, 극도의 수줍음, 사회적 고립과 철수 등의 불안 관련 특성을 보인다.

원인으로는 지나친 과잉보호나 통제적인 부모의 양육태도 문제일 가능성도 있고, 엄마와의 분리와 같은 충격적 사건이나 심리적 고착일 수도 있다. 또한 선택적 함구증일 경우 부모와의 애착 관계가 안정적이지 못할 가능성이 높다.

이런 증상은 커가면서 점차 개선되기도 하지만 선택적 함구증으로 인해 또래관계에서 배제되거나 고립될 수 있어 그 나이 때에 습득해야 할 사회적 기술 및 대인관계에서 경험할 수 있는 만족감, 성취감, 소속감이 모자랄 수 있다. 또한 수업이나 학습 과정에 충분히 참여하지 못해 학업 수행과 성취에 지장이 있다. 무엇보다 또래관계가 중요한 시점에서 말을 하지 못하는 모습은 또래들로부터 놀림이나 괴롭힘, 배제되는 표적이 되기 쉽다. 관계 형성의 결정적 시기에 누락된 이러한 경험은 향후 생활에도 지속해서 영향을 미칠 수 있다.

적절한 사랑의 적극적 표현

행동치료로 아이가 말을 하는 상황에서 다른 사람이 참여하거나, 아이가 말을 하는 상황에서 보상과 칭찬을 통해 강화하고 이를 외부 상황에서도 적용할 수 있다. 또한 모래놀이, 미술치료, 놀이치료 등을 통해 안정적인 환경에서 생각과 감정을 표현해 보는 연습이 도움이 된다.

아이가 말을 하지 않는 것에는 지나친 관심과 염려, 그리고 직접적인 지적, 처벌, 비난 또는 말하기를 강요하지 않아야 한다. 그런 상황과 피드백도 일종의 관심으로 작용해 아이에게 부적 강화를 일으키면 아이는 두려움을 느끼고, 입을 닫아 버린다.

아이가 그 또래의 역할을 하지 못할 때 부모와 가족이 가장 먼저 해야 할 것은, "왜 못하니?" "왜 너만 그러니?" "넌 왜 이렇게 사람을 힘들게 하니?"가 아니라 편안함, 안정감, 안전감을 우선 제공하는 것이다.

무엇이 문제인지 모른다면 지능 확인부터

인생을 살면서 가장 많은 착각과 거짓말을 하는 시기는 언제일까? 아마도 돌 전후 아이를 둔 부모가 아닐까 짐작해 본다.

"우리 아이가 8개월인데 말을 해요."

"우리 아이는 엄마보다 할아버지를 먼저 말했어요."

"우리 아이는 아직 돌도 안 됐는데 '배가 고파요'라고 말해서 깜짝 놀랐다니까요."

물론 환상과 착각이 깨지기까지는 그리 오랜 시간이 걸리지 않는다. 어린이집에서, 유치원에서, 그리고 초등학교 교실에서 내 아이는 그저 평범한 아이, 아니 차라리 평범하기를 두 손 모아 기도하게 되는 아이라는 것을 알게 된다.

이런 것도 지능이야?

지능이란, 목적을 가지고 행동하고 합리적으로 사고하며 환경을 효과적으로 다루는 개인의 종합적, 전체적 능력이라고 웩슬러(David

Wechsler)는 말했다.

지능검사의 주요 목적은 학습능력 수준을 보기 위함인데 여기서 말하는 학습능력은 학교 공부와 관련된 학업능력과는 구분된다. 언어적 능력에서부터 시지각능력, 운동협응능력, 정보수집과 문제해결력, 주의력과 사회성뿐만 아니라 우울, 강박성 성격장애 특성도 파악할 수 있다. 그렇기에 심리상태를 전반적으로 파악하기 위한 풀배터리 검사에도 지능검사는 꼭 시행되고 있다.

지능은 평균이 100이다. 이 말은 두 사람이 있으면 한 명은 지능 100이 넘고 다른 한 명은 100이 안 된다는 뜻이다. 흔히 말하는 지적장애는 70 이하의 지능으로 생활기능, 사회성, 학습능력 부분, 즉 지적 기능과 적응 기능에서의 결손이라고 정의하고 있으며 또래와는 분명히 다른 양상을 보인다.

지적장애의 동반 질환으로는 단순학습장애, 의사소통장애 등이 있을 수 있으며, ADHD 등의 신경인지장애와는 구분되어야 한다. 즉, 지능이 낮다고 모두가 지적장애는 아니고 지적장애는 한 가지 증상만으로 나타나는 것은 아니라는 뜻이다.

혹시 우리 아이가 지적장애?

인구의 2% 정도가 지적장애이지만 우리나라의 경우 등록된 지적장애는 0.3% 정도밖에 안 된다. 그 이유에 대해 살펴보자.

첫째, 지적장애에 대해 잘 모른다. 조금 부족하려니 생각하거나, 대기만성형 또는 적응에 상당한 시간이 필요한 늦된 아이라고 간과해 버린다. 지적장애 2급은 군대가 면제고 3급은 대기이지만 전쟁만 일어나지 않는다면 사실상 면제와 다름없다. 하지만 지적장애 수준의 지능임을 모른 채 입대를 하면 부적응을 호소할 수밖에 없다. 일상생활에는 무리가 없지만 전문성과 집중력이 필요한 작업을 할 수 없기 때문이다.

여기서 장애등급을 받기 위해서는 사회성숙도 등 기타 기능적인 부분에서의 종합적 평가가 필요하니 단순히 지능이 낮다고 무조건 장애등급을 받는 건 아니라는 것을 기억해야 할 것이다.

둘째, 인정하지 않는다. 지적장애는 외견상 정상인과 다를 바가 없다. 그러니 부모의 무심함과 회피, 외면으로 학교에서, 사회에서, 관계에서 실질적인 피해를 보고 있음에도 장애를 개인적 책임으로 묻는 사회 분위기와 전생의 업보라고 여기는 문화적 특성 때문에 인정하려 하지 않는다.

지적장애 수준의 지능은 특정 수준 이상의 어떤 것을 배우고 익히고 실행하기가 어렵다. 그러니 초등학교 때는 잘 드러나지 않다가 중학교에 가서야 친구관계에서, 학습에서, 비행 행동에서, 충동성에서 문제가 드러나 부랴부랴 의뢰되는 경우가 많다.

시간이 흐르면서 자연스럽게 좋아지는 성숙효과

지능검사 의뢰가 들어왔다. 초등 5학년 남학생으로 어릴 때 ADHD 진단을 받고 2개월 정도 약을 복용했으나 부작용이 심해 임의로 끊었다. 나이를 먹으면서 약간의 성숙효과로 어릴 때보다는 충동행동이 줄긴 했지만, 여전히 학교에서, 집에서, 대인관계에서 예측할 수 없는 돌발행동으로 주변 사람들의 지적을 받고 있었다.

부모 역시 학교 선생님과 주변 사람들로부터 아이가 다른 또래 아이와는 좀 다르다는 평가를 여러 번 들었고, 부모의 입장에서 봐도 간단한 지시조차 이해하고 수행하는 데 상당한 어려움이 있어 혹시나 하는 마음에 지능검사 의뢰를 한 것이다.

검사 결과 의뢰된 아이의 전체지능은 93으로 정상 범위에 포함되지만, 사회성 부분에서 의미 있는 점수를 보였다. 특히 삶에서 중요한 것과 덜 중요한 것을 구분하는 점수가 상당히 낮았다. 예를 들어 수학 시간에 영어 공부하고, 영어 시간에 과학 공부를 하는 것이다.

아직 가치관이 형성되기 이전에 보이는 특징일 수도 있지만 가족 구조상 늦게 본 귀한 아들에게 과한 관심과 집착을 보이는 엄마의 태도가 아이의 성장과 성숙을 가로막고 아이 스스로 헷갈리게 만들어서 행동을 결정하고 통제하지 못하게 만든 것은 아닌지 의심되었고 이를 확인하기 위해서는 부모 면담이 필요했다.

면담 결과 엄마는 도덕성이 높고, 종교가 있어 삶의 가치관과 자녀에게 기대하는 행동이 상당히 높은 수준이었다. 그러니 엄마가 곁에 있는 상황에서는 잔소리를 피하려고 학습된 모습을 보이지만, 다른 상황에서는 어린아이 기질이 발현되어 산만하고 튀는 아이로 보일 수 있었다. 이를 충분히 설명하고 아이가 스스로 경험하고, 스스로 선택하고 그 안에서의 성취 경험을 반복하면서 인내심과 자율성이 성장할 수 있도록 고양이 양육법을 설명해 주었다.

지능검사는 언제?

초등학교 4학년, 중학교 1학년, 고등학교 1학년은 학교에서 정서·행동 평가와 인터넷·스마트폰 과의존 검사를 받는다. 이 시기는 어린이에서 청소년으로 넘어가는 시기, 진로를 탐색하고 준비하는 시기, 상위학교를 고민해야 하는 시기로 나의 학습능력이 어느 정도인지, 학습능력을 방해하는 요소는 어떤 것이 있는지, 능력 간 괴리는 없는지를 점검하고 그것에 맞게 준비한다면 학습에서도 관계에서도 자존감에서도 충분히 기능하는 한 인간이 될 것이다.

모든 일에는 때가 있다. 내려야 할 정거장을 놓치면 다음 정거장에서 다시 돌아오면 되지만 인생에서 중요한 시기를 놓치면 다시 돌아오기는 어려울뿐더러 시간이 흐를수록 더 큰 영향을 받게 된다. 건강검진도 아프지 않을 때 미리미리 받고, 꾸준한 운동으로 신체를 단련시키면 병에 걸릴 확률이 줄어든다. 정서나 심리도 마찬가지다. 초등학교 때 발견한 지적장애와 중학교 때 발견한 지적장애는 결과 면에서 상당한 차이가 있다. 치료하는 방법과 기간이 달라진다. 그리고 지적장애가 아니더라도 아이들은 자신의 지능을 알고, 강점과 약점을 발견함으로 자존감이 높아지고, 분명한 목표를 찾아 내달릴 힘을 얻기도 한다.

부모의 지지와 격려가 아이들을 걷게 한다면 자기 능력에 대한 이해가 충분한 아이가 스스로 내미는 걸음은 아이를 뛰게 할 것이다. 우린 그 아이를 위해 환호와 박수를 준비하면 되는 것이다.

후회 없는 삶

"어제에 대한 후회로 오늘을 살지 마라.
대신에 내일을 위해서 오늘을 살아라.
내일이 왔을 때 오늘을 후회하지 않도록 말이다."

– 캐서린 풀시퍼(Catherine Pulsifer)

사람들은 후회를 하면서 산다.

"그때 로또를 샀어야 해."

"그때 아파트를 샀어야 해."

"그때 그 땅을 사 뒀더라면…."

"그때 그 남자랑 결혼했어야 해."

"그때 회사를 때려치웠어야 해."

"그때 주식을 팔았어야 해."

나열된 후회 목록을 보면서 잊고 있었던 후회가 떠올라 한숨을 내쉬는 사람도 있을 것이다. 아주 많은 '그때'들에 발목이 묶인 채 지금을 즐기지 못하고, 내일에 대한 기대도 접은 채 살고 있는 나, 그리고 우리네 이웃들에게 던지는 짧은 시 한 편도 있다.

"그리운 건 그대일까 그때일까."

화내는 아이

상담에 오는 많은 사람들도 후회를 한다. 아이가 처음 사고를 쳤을 때 상담을 받게 했더라면, 그때 혼을 낼 것이 아니라 상담을 받게 했더라면 지금은 다른 인생을 살고 있었을 텐데…. 그렇다면 후회가 나쁜 것일까? 후회하는 삶은 잘못 사는 삶일까?

시간이 지나고, 나이를 먹고, 지식이 많아지고, 권력이 생기고, 힘이 생기고, 돈이 생기고 나면 사람들은 어떤 부분에서건 후회한다. 돈을 더 벌 기회를 놓친 것에 대해서, 배움을 늦게 시작한 것에 대해서, 그리고 조금 더 일찍 세상에 눈을 떴더라며 더 높은 권력과 힘을 가질 수 있었을 테니까. 누구도 미래를 내다볼 수 없음에도 오리무중 같던 그 미래를 현재로 살고 있다 보니 과거의 선택이 후회될 수밖에 없지만 이 정도는 아쉬움이라고 말해도 될 것이다.

하지만 아쉬움으로 끝나지 않는 진짜 후회들도 있다. 고등학교 2학년인 지연이는 분노조절과 산만함으로 신경정신과 약을 2년째 복용했지만, 증상이 나아지지 않아서 지푸라기라도 잡는 심정으로 상담실을 찾아왔다. 전화상으로 딸의 상태를 설명하는 어머니의 진술로만 보자면 지연이는 안하무인에 분노조절 곤란으로 누구라도 걸리면 물어뜯을 기세였지만 실제로 만난 아이에게는 우울과 무기력이 주요증상으로 탐색 되었다.

증상이 나아지지 않아서 상담실을 찾은 것도 있지만 2년간의 약물치료에도 불구하고 최근 자해가 시작되었는데, 가족 누구도 그 이유를 알지 못했다. 아무리 설득해도 지연은 가족 누구에게도 왜 자해했는지 말하지 않았다.

지연의 정서 상태는 굉장히 불안했다. 우울하고 무기력한 모습이 있지만 한 번 화가 나면 집안의 모든 물건을 던지고 부수는 파괴적이고 공격적인 행동도 서슴지 않았다. 그 모든 게 증상으로 보이지만 지연의 문제 원인은 다른 데 있었다.

하지만 지연의 엄마는 증상을 보이는 지연이 자체를 문제라고 지적하고 낙인찍어 버렸다. '너만 바뀌면 돼!'라고. 자신이 바뀌어야 한다는 걸 알지만 지연은 억울했다. 자신의 모든 행동에는 다 이유가 있는데 이유는 물어보지 않고, 어쩌다 대답을 하려고 해도 말대꾸한다고 혼만 났기 때문이다.

자녀들이 문제행동을 보일 때 부모들은 주로 처벌을 사용해서 문제행동을 제거하려고 한다. 하지만 처벌은 그 순간 문제행동을 억누를 뿐이다. 내성이 생기고, 당시의 처벌보다 더 강한 처벌이 아니면 그다음 문제행동은 제거할 수가 없다. 그럼에도 그 방법이 빠르다고 생각한다. 자녀가 행동을 멈추고, 입을 다물고, 잔뜩 주눅 든 모습을 보이면 묘한 승리감과 쾌감을 느끼기 때문이다. 하지만 그 순간 아이가 배우는 것은 '자신의 잘못'이 아니다. 힘이 없으면 당하게 된다는 약육강식의 원리를 배우고, 힘에 대한 갈망을 배우게 되는 것이다. 초등학교 때까지 죽으라면 죽는시늉까지 하던 아이가 키가 커지고, 힘이 세진 뒤 부모와 똑같은 방식으로 부모를 제압하고, 친구를 제압하는 것이 바로 그런 원리 때문이다.

자녀를 돌보지 못한 것에 대한 후회

지연은 자기 말은 들어 주지 않은 채 공부만을 강요하던 엄마, 그리고 자신을 무시하면서 수시로 자신의 공간을 침범하는 동생과 문제 상황에서 화부터 내는 아빠를 보면서 자신을 지키기 위해 분노와 침묵이라는 방법을 찾은 것이다.

청소년을 상담할 때는 부모면담이 10분 정도 이뤄진다. 지연의 경우에도 관계 형성이 충분히 된 이후에 비밀보장의 한계를 벗어나지 않는 범위 내에서 부모면담이 이뤄졌다. 그때 알게 된 사실은 지연은 집안에서 물리적, 심리적으로 안전하지 않았다. 이 부분에 관해 이야기했을 때 어머니의 반응은 "상황이 안 되면 지가 적응을 해야죠"였다. 아이 방을 따로 줄 수 없는 상황이라는 것이다. 물론 공간이 따로 있으면 좋지만 지연이 경험하는 모든 부분에서 관심을 넘는 간섭이 이뤄지고 있음을 설명하고, 부모의 역할 중 자녀를 이기는 역할은 없으며 대신 자녀가 사회에 나가기 전 충분히 연습하는 대상이 되어 주어야 함을 거듭 설명했다.

'과연 그런 간단한 방법으로 문제가 해결될까' 하는 의구심 가득한 눈빛은 3주를 넘지 않았다. 자신이 왜 자해했고, 언제부터 했는지를 얘기할 수 있도록 지연에게 용기를 준 건 엄마의 달라진 태도 때문이다.

후회는 엄마 입에서 터져 나왔다.

"선생님 말씀처럼 집안에서 경계를 지키고, 존중해 주고, 아이가 말할 때까지 기다려 주기만 했는데, 지연이가 달라졌어요. 잘 웃고, 화도 안 내고, 어쩌다 화날 일이 있어도 제가 위로해 주면 화를 안 내더라고요. 진즉에 아이를 데려올 것을… 다 제 잘못인데 아이만 잘못했다고 혼내고, 윽박질렀으니….”

지연 엄마가 고맙다고 인사할 때마다 참으로 민망하다. 어머니가 고마워할 대상은 언제나 눈앞에 있던 아이였으니 지연이에게 더 고마워하라고 말씀드렸다. 그동안 기다려 줘서 고맙고, 참아 줘서 고맙고, 버텨 줘서 고맙고, 엄마를 이해해 줘서 고맙다고….

상담에 오는 분들은 상담만 받으면 문제가 해결될 거라고 기대한다. 하지만 상담은 문제를 해결해 주지 못하는 대신 해결에 필요한 방법과 원인을 같이 찾아 준다. 그리고 되돌릴 수 없는 과거에 발목 잡히지 않고 선택할 수 없는 미래에 불안해하지 않으면서 지금, 여기에서 가장 행복한 것, 의미 있는 것을 찾도록 돕는다.

아직 세상에 대한 경험치가 충분하지 않은 자녀들의 행복한 삶을 위한 선택에서 부모의 안일함과 무관심, 다 알고 있다는 자만으로 인한 후회는 결국 자녀들의 인생에 내내 주홍 글씨처럼 남을 수밖에 없다.

많은 부모가 자녀를 진즉 돌보지 못한 것을 후회한다. 그 후회 중에는 공부를 더 시킬걸, 더 좋은 것을 먹일걸 하는 후회보다는 위로해 주지 못했고 공감해 주지 못했고 아이 편을 들어주지 못한 후회가 크다.

그러니 내 아이가 힘들다고 할 때 “누구나 그래!”라며 묵살하지 말고 꼭 귀를 기울여서 아이가 원하는 도움을 주길 바란다. 그때만 그리워하기에는 살아야 할 인생이 훨씬 의미 있고 설레기 때문이다.

기억력을 높이려면

불혹을 넘긴 이후부터 나는 조기치매를 의심할 만큼 기억이 가물가물해졌다. 공부를 하면서도 외웠다고 생각했는데, 돌아서면 먹물처럼 까매지는 머릿속 때문에 당황했던 일도 많고 핸드폰을 손에 쥐고 있으면서 찾는 일도 허다해졌다.

그나마 위로가 되는 건 친구들을 만나면 비슷한 증상과 고민을 얘기하게 되는데, 말하는 그 순간에도 “그 뭐지? 뭐더라…. 아 있잖아, 그거….” 기억날 듯 기억나지 않는 그 단어가 혀끝을 간지럽히는 설단현상과 사고 끊김 장면을 심심찮게 목격할 수 있다.

지식사회, 정보사회로 갈수록 인간에게 주어지는 정보의 양은 많아지는 반면, 기억량은 감소하고 있다고 한다. 길은 외우지 않아도 내비게이션이 알려 주고, 지식은 외우지 않아도 검색만으로 찾아지며, 전화번호도 외울 필요가 없어졌기 때문이다. 내 손에 들고 있어서 내가 주인 같지만, 기억과 정보에 있어서만은 기계에 의존하고 있는 현상이 심화되고 있는 것이다.

누군가는 인간이 미치지 않고 살아갈 수 있는 것은 인간이 망각의 동물이기 때문이라고 한다. 하지만 잊어버리고 싶지 않은 지식과 기억까지도 어느새, 나의 의지와는 상관없이 잊어버리고 머리를 쥐어뜯는 것이 문제다.

기억력을 높이는 5가지

어떻게 하면 기억을 잘할 수 있을까?

첫 번째는 충분한 수면이다.

독일 심리학자 에빙하우스(Hermann Ebbinghaus)는 인간의 기억과 망각에 관한 연구를 하면서 정보를 접한 이후 충분히 수면을 한 사람과 깨어 있는 사람 중에 깨어 있는 사람의 기억이 더 급격히 떨어지는 결과를 보인다고 하였다.

뇌가 기억을 저장하고 인출하는 기계라면 충분한 기름칠과 적절한 휴식이 기계의 성능을 높인다는 것은 기본상식이다. 그럼에도 가끔 아이들을 재우지 않고 새벽까지 공부시키는 부모가 있고, 아이들 역시 남들보다 잘하기 위해 잠자는 시간까지 할애하면서 공부하는데, 오히려 성적이 떨어지거나 공부한 만큼 성적이 나오지 않는 경우를 보았을 것이다.

어린이는 하루 최소 8시간에서 10시간의 수면을 해야 하며, 초등학교 고학년부터 성인은 하루 최소 6시간의 수면을 해야 비로소 몸이 회복한다. 잠을 자는 시간뿐만 아니라 수면의 질도 중요하다. 편안한 수면이 가능한 상태인지를 체크하는 것이 기억력을 높이는 데 도움이 된다.

잠들기 전까지 핸드폰을 쥐고 있거나, 컴퓨터를 보면 블루스크린 증후군 및 뇌가 특정자극 이상에만 반응하는 팝콘브레인이 될 수 있으니 수면에 들기 30분 전에는 쉴 준비를 해야 한다.

두 번째는 영양이다.

우리는 삶을 영위하기 위해 꼭 필요한 에너지양이 있다. 그중에서 어떤 운동보다 뇌가 사용하는 산소의 양이 많고, 그만큼 에너지 소비도 높다. 기억의 중추인 뇌가 건강해야 기억과 인출이 원활할 수 있으므로 적절한 양과 양질의 음식을 제때 섭취하는 게 중요하다. 많은 연구 결과에서 아침을 먹는 사람보다 먹지 않는 사람이 치매에 걸릴 확률이 높다는 결론을 내고 있고, 음식을 씹는 과정으로 잠자고 있는 뇌를 깨울 수 있으니 아침식사는 영양분 섭취 그 이상의 효과를 낼 수 있다.

세 번째는 잘 기억하는 것이다.

기억에는 잘 담는 것과 잘 인출하는 것이 있는데, 기억을 잘한다는 것은 비슷한 정보끼리 연결 짓고, 묶어서 보관하는 것과 같다. 예를 들어 창고를 정리할 때 물건 별로 잘 정리해 두면 나중에 꺼낼 때도 쉽게 찾을 수 있는 것처럼 기억도 마찬가지다. 또 한 가지 자극만으로 기억하는 것이 아니라 의미 - 소리 - 개념을 함께 연결해서 기억하는 것이 중요하다. 자신이 좋아하는 냄새 및 장면과 연결해서 기억하는 것, 노랫말에 담아서 기억하는 것 등의 예시가 있는데, 그렇게 기억하면 비슷한 단서만으로도 인출이 잘 된다.

네 번째는 다양한 경험이다.

인간은 감각기관을 통해 정보를 접하게 된다. 감각기관에서 담아내는 기억은 무제한이다. 이런 감각기관 활용을 위해서는 다양한 경험이 필요하다. 하루 종일 방에만 있는 아이는 고작 방 안에 있는 자극만을 담아낼 뿐이다. 감각적인 경험을 축적하면 책에서, 그리고 삶에서 만나게 되는 다양한 자극을 나의 경험과 연결해서 기억할 수 있게 된다. 그렇게 담긴 자극이 단기기억으로 넘어가고, 반복과 부호화를 통해 장기기억으로 넘어가게 되는 것이다.

다섯 번째는 심리적 안정감이다.

기억과 관련된 뇌 부위는 감정 관련 뇌 부위와 크게 다르지 않다. 치매와 관련된 해마 역시 대뇌변연계에 자리하고 있다. 제아무리 좋은 정보와 경험이 주어진다 해도 심리적으로 안전하지 못하면 기억 역시 불안할 수밖에 없다. 매슬로우(Abraham H. Maslow) 욕구위계론에서도 인간은 먹고 자고 배출하는 결핍 욕구 위로 안전감, 소속감, 자존감의 욕구가 충족되어야만 비로소 자아실현을 위한 공부를 할 수 있다고 하였다.

기억도 나에 대한 이해가 먼저

이렇게 기억 과정을 거친 뒤 잊어버리지 않기 위한 노력도 필요하다. 망각의 원인을 보면 잘못 기억된 경우가 있고, 쓰지 않아서 소멸한다는 설, 그리고 작업기억의 오류로 인해 잘못 인출되는 것, 또 하나는 새로운 기억이나 그 이전의 기억이 내가 기억하고 있는 그것을 방해한다는 것이다.

사람마다 기억하는 법은 다르다. 누구는 단순한 암기를 잘하는 데 반해, 어떤 사람은 의미를 먼저 이해해야 비로소 기억하는 사람이 있다. 자신만의 기억법에 대해 아는 것도 중요하다. 마지막으로 나의 기억에 문제가 있다고 생각되면 이것이 기능적인 문제인지, 심리적인 문제인지를 아는 것도 중요하다. 심리적인 에너지가 없는 사람은 제아무리 양질의 정보라 해도 잡고 있을 힘이 없으니 쉽게 놓쳐 버리게 된다. 그리고 기억을 담는 그릇 자체가 작은 사람은 그릇이 큰 사람과 달리 꼭 필요한 것만을 선별해서 담아내는 노력이 필요하다. 그러니 기억도 나에 대한 이해가 선행되어야 함을 잊지 말아야 할 것이다.

그리고 기억은 훈련과 연습이 필요함을 잊지 말아야 한다. 원인발견이 곧 해결은 아니다. 원인을 찾았다면 어떻게 해결할 것인가에 대한 숙고도 필요할 것이다.

PART 4

감사:

네가 있어 내가 온전하다

내 마음을
맞혀 봐

마음이 힘들 때 찾아가는 사람이 있는가?

평생을 바다를 벗 삼아 사신 아버지 덕분에 엄마는 집안에 경조사가 있을 때마다 단정한 차림으로 봉산동 골목 어딘가로 발걸음을 재촉하셨다.

"아따 올해는 좀 어찌까 모르겄소잉."

"조상님 노허지 않게 정성을 쪼까 들이믄 암만해도 낫지…."

그 말 한마디면 그동안 아끼고 모은 쌈짓돈이 거침없이 개다리소반 위에 올라앉았고, 한참을 고개를 주억거리며 말을 주워 담으셨다.

"어쨌든 올해는 물을 조심해야 된께…."

섬이라 하루 종일을 바다에서 살고 있는 사람에게 물을 조심하라니…. 가히 과학적이지도 않고, 논리적이지도 않은 언변에도 엄마는 천군만마라도 얻은 듯 흡족해하셨다.

"마음이 뽀똣 허다잉."

떠올리는 밥술의 반이 한숨이었고 하루도 걱정 없는 날이 없던 엄마에게 점집, 무속인의 말은 위로였고 희망이었다.

내담자의 기대

상담을 받으러 오는 사람을 내담자라고 부른다. 누군가에게 나의 속 깊은 얘기를 한다는 것은 용기가 필요한 행동인 만큼 내담자는 상담 그리고 상담사에 대한 기대가 크고 그만큼 두려움도 있다.

'딱 보자마자 내 문제를 다 알아맞히겠지?'

'내가 말하고 싶지 않은 것까지 다 알아내 버리면 어떡하지?'

'내 얘기를 딴 사람한테 하면 어떡하지?'

'상담만 하면 문제가 바로 해결되겠지?'

'나만 이런 걸로 고민하는 거 아냐?'

'상담사가 나를 이상하게 보는 거 아냐?'

상담 공부를 시작했을 때부터 지금까지 필자 주변 사람들도 나를 그런 눈으로 바라보았다.

'자, 준비됐으니까… 이제 내 마음을 맞혀 봐!'

그리고 가끔은 "선생님 진짜 귀신같아요!"라고 경악을 금치 못하는 내담자도 종종 있다.

하지만 아쉽게도 상담사는 귀신이 아니다. 그렇다고 투망질하듯 이것저것 다 던져 보고 그중 하나만 얻어걸리길 바라는 비전문가도 아니다.

옛말에 "열 길 물속은 알아도 한 길 사람 속은 모른다"라는 말이 있다. 아무리 오랜 수련의 상담사여도 딱 보자마자 그 사람의 속내를 다 알 수는 없다. 만약 "딱 보자마자 다 알아맞힐 수 있다" 호언장담하는 상담사가 있다면 일단 의심부터 하라고 조언하고 싶다.

벼가 익을수록 고개를 숙이듯 타인의 마음과 정서를 다루는 상담사는 돌다리를 두드리며 건너듯 타인을 대할 때 더더욱 신중하고 조심해야 한다.

Not Knowing attitude – 알지 못함의 자세

관계 안에서 발생하는 문제는 내가 타인을 몰라서가 아니라 잘 알고 있다고 착각해서이다. 오죽하면 상담사의 중요 자세 중 하나가 '상담사의 한계를 분명히 아는 것'이겠는가.

전문성과 인간성에서 자신이 감당할 수 없는 내담자는 빨리 적절한 상담사나 치료 장면으로 연계해야 한다. 왜? 상담의 목적은 상담사의 자기 과시가 아니라 내담자의 행복과 안정감이 1순위이기 때문이다. 도움을 받기 위해 찾아오는 내담자를 도와 문제를 해결할 수 있도록 하는 게 상담사의 역할이며 그 역할을 잘 해내기 위해 사용하는 도구가 심리검사라고 할 수 있다.

"심리검사는 왜 해야 하나요?"라고 누군가 질문한다면, 이렇게 답할 수 있다. "증상에 대한 위기 수준을 평가해서 진단을 내리고, 적절한 치료법을 찾고, 내담자의 현재 상태를 알 수 있고, 문제 발생 시 자동으로 발현되는 방어기제를 탐색할 수 있고, 내적욕구 파악이 가능하며, 인지기능에 대한 객관적 평가, 정서적 취약성 파악, 대인관계 양상, 자아상 평가, 상담 진행방향 및 상담 목표달성 평가를 위해서이다."

상담을 하면서 조금씩 알아가야 하는 부분을 심리검사를 통해 시간과 비용과 에너지를 단축할 수 있고 문제해결을 위해 구체적 방안을 짧은 시간 안에 탐색할 수 있는 장점이 있다. 이 때문에 심리검사를 진행하는데, 문제는 내담자들은 자신에게 어떤 심리검사가 적절한지 모른다는 점이다. 그래서 심리검사를 꼭 해야 하는지에 대한 의문과 함께 딱 맞는 검사 한 가지만 하고 싶은 욕구가 작용한다.

검사를 한 가지만 하는 것과 여러 가지를 하는 것에는 장단점이 있다. 한 가지 검사로는 내담자에 대해 구체적이고 깊이 있게 이해할 수 있지만, 단편적인 부분에 한정되어 내담자를 전체적으로 이해하는 데 어려움이 있어 자칫 낙인을 찍을 수 있다. 여러 가지 검사는 시간과 비용 면에서 부담스러울 수 있지만, 다양한 검사를 통해 인지, 정서, 행동, 대인관계, 자아상에 대한 다양한 이해가 가능하고, 문제의 중심을 찾을 수 있다.

병원에서 체온만으로 약을 처방해 주지 않듯, 심리검사도 한 가지만으로 진단을 내리거나 목표를 잡는 건 위험할 수 있다. 병원에 가기 전 어떤 증상이 있고, 언제부터 아팠고, 그동안 어떤 조처를 했는지 메모해서 가면 효과적인 도움을 받을 수 있듯이 상담도 증상이 언제부터 시작됐고, 그때 몸과 마음의 반응은 어떠했으며, 어떤 방법을 써봤고, 어떤 부작용이 있는지에 대해 구체적으로 메모해서 가면 상담 진행과 심리검사 진행에 상당한 도움이 된다.

다양한 심리검사

아무리 좋은 심리검사, 아무리 훌륭한 상담사라도 내담자 본인만큼 자신의 증상을 잘 이해할 수는 없다. 다만 익숙하지 않은 이 감정, 이 경험, 이 상태가 무엇인지를 적절하게 표현할 수 없고, 적절하게 대처할 수 없어서 전문가의 의견을 듣고, 가장 효과적인 대처법을 써보기 위해서 심리검사가 필요할 때가 있다는 것이다.

심리검사는 그 종류가 무한하다. 크게는 진단검사와 이해검사가 있고, 분야별로는 정서검사, 인지검사, 발달검사, 행동검사가 있다. 문제탐색을 위한 검사와 행동수정을 위한 검사, 관계 파악을 위한 검사, 자기이해를 위한 검사가 있다.

예를 들어 자녀의 학습능력 수준과 함께 현재 학습에서의 강점과 약점을 파악하고 싶다면 지능검사를 하면 된다. 더불어 학습전략 검사를 통해 어떻게 공부할 것인지를 탐색하고, 자기이해를 위한 성격검사와 진로유형 검사를 통해 잘 준비된 화살을 어느 과녁에 쏘아 올릴 것인지를 탐색하면 된다. 정신건강, 즉 흔히 알고 있는 우울, 강박, 불안을 파악하기 위해서는 인성 검사를 하면 된다.

심리검사는 연령별·증상별로 실시 가능한 검사가 다르고, 실시 당시의 상태와 검사자와의 관계가 결과에 영향을 끼칠 수 있으므로 사전에 충분히 편안한 관계가 형성될 수 있도록 면담이나 관계 형성이 꼭 필요하다. 무엇보다 심리검사는 검사 당시의 상황이 가장 많이 반영되기 때문에 지나친 의존, 낙인은 금물이다.

그래서 특별히 이상증후가 없음에도 엄마의 불안으로 심리검사 장면에 노출되는 아이들이 있다. 심리검사를 왜 하려고 하는지, 어떤 부분에 대해 걱정이 되는지, 아이도 같은 어려움을 호소하고 있는지, 심리검사 결과를 어떻게 활용할 것인지를 사전에 충분히 탐색하고 해야 한다면 꼭 필요한 검사만 아이와도 충분히 얘기한 뒤에 하는 것이 좋다. 심리검사 결과를 절대 악용되면 안 되는데, 가장 많이 악용하는 사람이 부모이기 때문이다.

무엇보다 문제가 생겼을 때 우리는 이 문제가 '네 문제'인지 '내 문제'인지를 구분하고 '지금 해결해야 하는지' '지금 해결하지 않아도 되는지'를 구분해서 '지금 - 내 문제'만을 보려는 연습을 해야 한다. 그리고 문제와 나를 구분하는 연습이 필요하다. 문제 안에 갇히지 않기 위해 오늘도 밖으로 향해 있는 눈을 안으로 돌려 나를 살피고 돌보기를 바란다.

> "꼭 해야 할 일부터 시작하라.
> 그다음은 할 수 있는 일을 하라.
> 그러다 보면 어느 순간
> 자신이 불가능하다고 생각했던 일들을
> 해내게 될 것이다."
>
> – 성 프란체스코

부모가 붙여 준 '라벨'은 평생 간다

어떤 옷이건, 어떤 브랜드건 상관없이 일단 새 옷을 사면 뒷목이나 허리춤에 달린 라벨을 반드시 제거해야만 비로소 입을 수 있다. 보통 목덜미에는 사이즈와 브랜드 라벨이 붙어 있고, 옆구리에는 세탁방법 및 주의사항과 함께 여분의 단추가 있는 라벨이 있다. 나이를 먹어감에 따라 라벨 제거 작업이 점점 어려워지는 것과는 반대로 라벨 박음질은 점점 작아지고 정교해졌다.

그러니 라벨 제거가 그리 쉽지만은 않다. 투명한 실로 묶여 있는 라벨도 있고, 옷감과 같은 색깔로 박음질 되어 있는 라벨도 있다. 또 어느 옷에는 라벨이 별도로 붙어 있지 않고 옷과 같이 바느질되어 있어서 제거하는 대신 가위로 어설프게 잘라 내고 입어야 하는 옷도 있다. 그러다 보니 라벨을 제거하다가 구멍 난 옷이 한두 벌이 아니다. 특히나 니트 소재나 얇은 소재의 옷은 라벨 제거 후 손가락 굵기만큼 뚫려 있는 구멍을 다시 바느질로 메워야 한다.

까칠한 성격과 예민한 피부 덕분이라고 생각하자 싶지만, 구멍이 난 새 옷을 볼 때면 여간 마뜩잖은 게 아니다. 그럼에도 아직은 나의 손과

눈의 협응작업으로 라벨을 뗄 수 있으니 그나마 다행이다 싶기도 하다.

나에게 붙은 라벨

라벨은 물건에만 붙어 있을까? 물건에도 붙어 있고, 사람에게도 붙어 있다. 물건은 원가와 브랜드를 따져 가격과 세탁방법, 주의사항에 대한 라벨을 붙일 수 있지만 사람에 대한 라벨은 어떻게 붙여지는 것일까?

상담을 하면서 만난 많은 청소년들의 자아상을 탐색하다 보면 참 많은 라벨들을 발견하게 된다. 아직 '나는 누구인가'에 대한 정체감이 확립되기 전이다 보니 아이들이 갖고 있는 라벨 중 대부분은 부모에 의해 박음질 되어 있는데, 긍정적인 것, 부정적인 것, 긍정과 부정이 섞인 것, 미래 지향적인 것까지 다양하다.

"저는 재수 없대요. 그리고 까칠하고, 아빠 닮아서 밥맛 떨어지게 생겼대요. 그래서 엄마는 저 때문에 인생이 망했대요."

학교폭력으로 상담 의뢰된 수민이의 라벨은 부정적이고 비관적이다. 수민이가 기억하는 최초의 기억과 최근의 기억이 모두 부정적인 라벨을 정성스럽게 붙이는 부모님의 모습이었다.

"얌전하다. 투정 부리지 않는다. 속 깊다. 착하다."

왕따로 고생하다가 결국 자퇴를 결심하게 된 민지에게 붙은 라벨이다. 단어 자체는 긍정적이지만 이런 라벨을 달고 있는 아이는 자신이 이런 모습이어서 다행이라고 느끼기도 하지만 엄마가 기대하는 모습과는 다른 생각이나 행동을 할까 봐 두려워하고, 자신을 싫어하는 친구를 속으로 원망조차 못 한 채 그런 생각을 한 것만으로도 죄책감과 자책감으로 힘들어한다.

"망할 놈. 빌어먹을 놈. 재수 없는 놈"이라는 미래지향적인 라벨을 달고 있던 동현이는 자신의 인생에 대해 조금의 기대와 설렘, 희망조차 허락하지 않았다. 어차피 망할 거라고 믿어 의심치 않는다.

한 아이에게 한 가지 라벨만 붙어 있는 게 아니다. 보통 한 개 이상의 라벨이 달려 있고, 그중 많은 아이들은 너무 많은 라벨로 인해 자신의 진짜 모습을 찾지 못한 채 그때그때 눈에 보이는 라벨로 자신을 설명하곤 한다.

"어릴 때는 착했는데, 이제는 좀 재수 없어졌어요."
"얌전했는데, 지금은 개 나대요."
"집에 있으면 얌전하고 밖에 나오면 관종이에요."

한번 붙은 라벨은 떼기가 참 어렵다. 자신이 원하지 않은 라벨이 자신에게 붙어 있고 그 라벨이 자신을 대신하고 있다는 것도 모른다. 그러니 라벨을 달고 있는 아이들 본인이 그 라벨을 뗀다는 것은 상상도 할 수 없는 일이다.

라벨은 왜 붙게 되었을까?

아이들에게 이런 라벨을 붙여 준 부모를 실제로 만나 보면 참 아이러니하게도 절대 그런 험한 말(?)을 안 하게 생긴 건 물론이고 세상에 둘도 없을 만큼 자녀 사랑이 깊다. 부모에게 아주 조심스럽게 아이가 진술한 자아상에 대해 알려 주면 부모 10명 중 10명 모두 경악을 금치 못하며 자신의 아이가 그런 말을 했다는 것에 당황해서 쥐구멍이라도 찾아 들어갈 것처럼 안절부절못한다.

"그렇게 생각하는 줄 몰랐어요."

당연히 모를 수밖에 없다. 배움의 정도나 재산의 정도, 권력의 유무와는 상관없이 모든 부모는 내 자녀가 잘되기를 진심으로 바라고 있기 때문이다.

그런데 왜 그런 말들을 했을까?

버릇없는 사람이 될까 봐, 도리를 알지 못하는 사람이 될까 봐, 무엇이 위험한지 모를까 봐, 타인의 권리를 침범하는 사람이 될까 봐, 법을 어기는 사람이 될까 봐. 즉, 내 아이가 잘못될까 염려되어 마음에도 없는 소리를 한 것이다. 그것도 어쩌다 한 번….

그래서 부모가 어렵고, 그래서 부모가 억울할 수밖에 없다. 항상 진실은 빗나가고, 부모가 쏘아 올린 화살은 아이들에게 상처로 남아 있기 때문이다.

하지만 아이들 입장에서 보면 어쩔 수 없다. 태어나서 가장 먼저 만난 사람도 부모이고, 가장 많은 시간을 보내는 사람도 부모이고, 가장 닮은 사람도 부모이고, 가장 인정받고 싶은 사람도 부모이고, 세상 무엇과도 바꿀 수 없는 것도 부모이기 때문에 부모가 던지는 한마디 말은 그 말이 비록 장난이거나, 어쩌다 한 번이었거나, 진심이 아니었더라도 아이들에게는 스스로 뗄 수 없는 라벨이 되어 버린 것이다.

그렇다면 라벨에 갇혀 있는 아이들에게서 라벨을 떼는 방법은 무엇일까?

아이들이 듣고 싶어 하는 말, 아이들이 좋아하는 말을 아이들의 언어로 표현해 주고, 아이들이 이뤄 낸 작은 성공 경험도 알아차려서 칭찬과 격려를 해주면 아이들은 비로소 제 색깔을 내고, 변화를 경험하게 된다.

내 아이가 자신만의 브랜드를 가지고, 누구도 침범할 수 없는 '나'라는 특허로 자신을 드러내며 행복하게 살기를 원하는 건 모든 부모의 소망일 것이다.

김춘수의 〈꽃〉이라는 시에 이런 시구가 있다.

"내가 그의 이름을 불러 주기 전에는 그는 다만 하나의 몸짓에 지나지 않았다."

그저 바람에 나부끼는 몸짓이 될 것인가, 꽃이 될 것인가는 이제 아이들을 불러 주는 부모의 언어에 있음을 기억해야 할 것이다. 아이들은 누군가 최고라고 믿어 주는 순간, 그리고 불러 주고 믿어 주는 순간 최고의 잠재력을 발휘할 수 있게 된다.

상처로부터
자유로운 사람은 없다

주는 사람은 없어도 받는 사람은 있다

인생을 살면서 한 번도 상처를 경험하지 않은 사람은 없다. 소소하게는 넘어져서 다친 무릎의 상처에서부터 잘되라고 해주는 부모의 말도 상처가 된다. 나의 잘못과는 상관없이 발생하는 교통사고, 노력도 중요하지만 운도 따라 줘야 하는 시험성적, 그리고 친구로부터 배신을 당하는 것, 사랑하는 사람을 잃는 것까지 모두 상처다.

상처만큼 공평한 것을 찾아보기 힘들 정도로 돈이 많건 적건 상관없이, 권력이 있거나 없거나 무관하게 누구나 상처받고, 매 순간 상처를 받으면서 살아 낸다.

하지만 누구나 경험하는 상처라고 해서 모두가 같은 크기로 아픈 건 아니며, 상처를 겪었다고 해서 또한 모두가 트라우마를 경험하는 것도 아니다. 돌부리에 걸려 넘어진 사람 중에 돌멩이만 봐도 소스라치게 놀라는 사람이 있는가 하면, 넘어지지 않는 방법과 넘어질 때 덜 다치는 방법, 그리고 넘어진 후에 최대한 안전하게 일어나는 방법을 배우는 사람이 있다. 즉, 상처받지 않고 사는 게 중요한 것이 아니라 어떻게 해결하느냐가 중요한 것이다.

학교폭력을 경험한 진이는 엄마에게 힘든 속내를 얘기했고, 엄마는 진이의 입장에서 진이를 위로하고 공감해 주었으며 학교폭력 해결을 위해 엄마가 할 수 있는 일에 대해 알려 주었다. 그리고 실제로 엄마는 자신이 진이에게 말했던 방법을 학교와 의논했고, 학교는 진이를 보호하고 학교폭력이 재발하지 않도록 조처했다.

하지만 또 다른 학교폭력을 경험한 준현이는 아무에게도 학교폭력에 관해 얘기할 수 없었다. 부모님을 실망하게 할 수 없었고, 자신이 학교폭력을 당했다는 사실이 소문나면 그나마 옆에 있어 주는 친구들마저 자신에게서 등을 돌릴 것 같은 두려움에 입을 닫고, 마음도 닫게 되었다.

두 사람의 차이는 뭘까?

진이와 준현이는 학교폭력이라는 같은 문제를 경험했지만, 주변의 도움으로 학교를 무사히 졸업한 진이와 달리 준현이는 이후 자책과 원망의 마음을 해결하지 못해 자해가 반복됐고, 결국 학교를 자퇴하게 되었으며 망상으로 인해 사회부적응까지 경험하게 되었다.

외상후성장 경험이 중요

상처받은 이후 외상후스트레스장애(PTSD)를 경험하지 않고 외상후성장(PTG)을 경험하기 위해서는 무엇이 필요한지 알아야 한다.

사람은 상처받으면 그것에 대해 충분히 나눌 수 있어야 한다. 그리고 자신이 경험한 어마어마한 감정에 대한 객관화를 통해 압도적인 감정으로부터 나를 구출해 내야 한다. 믿을 만한 사람에게 위로받고 공감받음으로써 힘을 얻고, 문제 안에 갇혀서 그저 힘들다는 생각 외에는 어떤 것도 발견할 수 없었던 바늘 시야에서 벗어나 나에게 맞는 해결 방법을 찾고, 연습해 봄으로써 문제해결에 자신감도 얻을 수 있다.

사람은 자기 경험치만으로 문제를 해결하려고 시도할 가능성이 높다. 그렇기에 인생의 경험치가 짧은 아이들은 그만큼 문제해결을 위한 방법이 빈약할 수밖에 없고, 자책이나 죄책감을 통해 자신을 다치게 하거나 비합리적인 생각에 자신을 가둬 버리게 된다.

그렇기에 상처를 받은 사람에게는 "다른 사람은 괜찮은데 왜 너만 그러니?" "조금만 더 참아봐, 참다 보면 다 잊힐 거야" "나더러 어쩌라는 거니?" "그럴 때일수록 더 열심히 살아"라는 비난, 원망, 근거 없는 믿음 투여, 원하지 않는 방법을 제시하는 행위를 멈추고, 전문가를 찾아 자신의 얘기를 할 수 있도록 기회를 주어야 한다.

사건을 경험하면 사건보다 더 중요한 것은 그 사건으로 인해 경험한 감정의 강도와 빈도를 살피는 것이다. 내 입장에서 괜찮다고 하는 것, 그리고 의미 없이 힘내라고 말하는 것은 도움이 되지 않는다.

죽음에 대해 두려워하지 않는 사람은 거의 없다. 과거의 죽음에서부터 아직 오지 않은 미래의 죽음까지. 누구도 죽음을 예상할 수 없고, 누구도 피해 갈 수 없기에 숨 쉬는 이 순간에도 죽음은 사람들을 공포에 떨게 한다.

"충분히 힘들 수 있다. 너의 힘듦을 이해한다. 사람들은 그것을 두려움이라고 말한다. 지금 네가 경험하고 있는 두려움은 어디에서 느껴지며, 그때는 어떤 생각이 들고, 그것으로 인해 현실에서 무엇이 가장 힘드니?"를 물어봐 주어야 한다.

"마음이 유약해서 그렇네" "공부하기 싫으니까 별 핑계를 다 댄다" "쓸데없는 생각이 너무 많다" "그럴 시간에 공부해라"… 이런 말로 이미 상처받은 마음을 난도질하는 누를 범하지 않기를 바란다.

네가 그런 일을 경험하지 않게 꼭 지켜 주겠다는 약속, 그리고 앞으로는 그런 일이 생기지 않게 대한민국이 더 많은 준비를 할 거라고 말해 주어야 한다. 죽음, 사고의 공포 앞에 놓인 사람들에게 누군가의 진심 어린 공감과 위로는 지푸라기가 아닌 단단한 동아줄이 된다.

간접경험으로도 충분히 트라우마를 겪을 수 있다는 것을 기억하고 만약 힘들어하는 누군가가 있다면 반드시 전문가의 도움을 받기를 권해야 한다.

사별을 경험한 아이,
어떻게 위로할 것인가

초등학교 전문상담사로 근무할 때였다. 영호는 어느 선생님도 담임을 맡고 싶어 하지 않는 문제아가 되어 있었다. 등교도, 수업도, 수행학습도, 시험도 거부하는 아이였다. 여름에 겨울옷을 입고, 겨울에 여름옷을 입고 와 땀 냄새를 풀풀 풍겨서 반 친구들도 영호를 싫어했다. 그날은 선생님이 거의 눈물 바람으로 아이를 데리고 상담실로 찾아왔다. 이유는 초등학교 3학년 아이가 바지에 변을 보고 그대로 앉아 있었기 때문이다. 아이를 설득해서 화장실은 겨우 다녀왔지만, 수업 참여가 어려울 것 같아 집으로 연락해도 아무도 받지 않아서 어쩔 수 없이 상담실로 데려왔노라고 굉장히 미안해하셨다.

3남매 중 막내였던 영호는 아빠를 굉장히 좋아했고 아빠 역시 아이와 몸으로 놀아 주면서 아이를 예뻐했다. 그런데 그 아버지가 초등학교 1학년 때 갑자기 돌아가셨다. 가족들 모두 슬픔에 빠져서 아이를 돌보는 사람도 아이와 놀아 주는 사람도 없었다.

매일 상담실에 와서 엎어져 있던 아이가 어느 날 수행평가지를 들고 상담실에 와서 천정의 무늬를 세다 말고 툭 내뱉은 말에 가슴이 먹먹해졌다. 그리고 당황스러웠다.

"내가 자꾸 업어 달라고 해서 아빠가 죽었대요."

누군가를 위로한다는 것은…

누군가가 사랑하는 사람의 죽음을 언급했을 때, 그리고 그것을 들었을 때 사람들은 조급해진다. 빨리 위로해 주고 싶고, 빨리 그 상처에서 건져내 주고 싶어 한다. 하지만 어떻게 해야 하는지는 모른 채 내가 아는 방법만으로 밀어붙이게 된다. 자신의 아픔이 그것보다 훨씬 더 크니 네 아픔은 별거 아니라고 얘기하고, 또 누군가는 인터넷에 떠도는 정보를 기반으로 "3개월이면 잊힌다"라는 말로 슬픔의 한계를 정해줘 버리기도 한다. 그러다 3개월이 지나도 아파하고 있는 모습을 발견하면 "마음이 유약하네, 배부른 소리 하고 있네. 의지가 약하네"라는 말로 두 번 상처를 주기도 한다.

사별을 경험하고 상담에 오는 사람 중에 사별로 인한 상처보다 사별 이후의 당혹스러움과 혼란스러움으로 찾아오는 사람도 상당하다. 다른 사람은 아무렇지 않은 것 같은데 자신은 왜 아직도 슬퍼하고 있는지를 확인받으러 오는 사람도 있고, 자신은 남들이 생각한 것처럼 그렇게 슬프지 않아서, 그리고 너무나 태연한 자신을 뭔가 잘못되었다고 말하는 주변 사람들의 권유 때문에 자신이 문제가 있는 건지 확인하러 오는 사람도 있다.

트라우마의 정체

인간이 경험하는 트라우마 중에 가장 강력한 트라우마는 사랑하는 사람과의 사별이라고 한다. 하지만 누구나 경험하는 죽음이고, 가끔은 그 죽음의 당사자가 내가 아니어서 갖게 되는 미안함, 죄책감으로 인해 자신의 힘듦을 충분히 드러내지 못하고 위로받지 못한다. 그래서 세상이 정해 놓은 기준에 맞추려고 안간힘을 쓰게 된다. 상처를 받으면 대처하는 방식이 다 다르고, 낫는 기간이 다르듯 사별 역시 다양한 양상으로 드러날 수 있다. 감정이 둔해져서 멍한 채 생활하는 사람이 있고, 비슷한 상황이나 사람을 보면 툭 하고 눈물이 터져 버리는 사람이 있고, 죽음을 경험한 사람답지 않은 밝은 모습으로 주변 사람을 당황시키기도 하고, 시간이 지나도 쉬이 회복되지 못한 채 죽음의 그림자를 붙들고 사는 사람이 있다. 어떤 모습도, 어떤 감정도 이상한 게 아니라 다 정상적인 반응임을 알아야 한다. 그러니 나의 기준으로 타인의 아픔을 재단하거나 평가해서는 안 된다.

그리고 또 하나는 사별에 대한 원인을 자신이나 또 한 명의 사랑하는 사람에게서 찾는 행위를 멈춰야 한다. 영호의 경우도 아빠의 부재만으로 충분히 힘든 아이에게 가족 중 누군가가 던진 말이 영호를 뿌리째 흔들어 버렸다. 내가 돈 얘기를 해서, 좋은 직장을 구하라고 해서, 아프다는 말을 애써 귀담아듣지 않아서 등등 자신을 채찍질할 말부터 타인을 아프게 하는 말을 사람들은 아무 생각 없이 뱉어 버리고는 누군가가 평생 죄책감을 안고 살아갈 삶에 대해서는 나 몰라라 한다.

영호처럼 문제해결력이 낮은 아이들은 어른들과는 조금 다른 사별 후 양상을 보인다. 악몽을 꾸고, 놀이로 나타내고, 지나치게 밝은 모습을 보이기도 하고, 야뇨증이나 잦은 실수 등의 퇴행을 보이기도 하며 이러한 모습들이 복합적으로 나타날 수도 있다.

열이 난다고 모두 감기가 아니듯 아이가 보이는 증상과 양상으로만 아이를 평가해서는 안 된다. 어떤 모습을 하고 있더라도 그 모든 순간에 아이는 나름대로 상처와 아픔을 견디고 있다는 것을 이해해야 한다. 그 아이에게 "너는 왜 그렇게 슬퍼하니?" "너는 왜 우리만큼 슬퍼하지 않니?" "이런 상황에 어쩜 그렇게 철없는 행동을 하니?"라는 비난이나 "너 때문이야!"라는 평가가 있어서는 안 된다.

상처 또는 위기 앞에서 인간은 원시의 뇌로 퇴행을 해버린다. 즉, 내가 감당할 수 있는 수준을 넘어서는 위기 앞에서 '어떻게?'가 아니라 '죽느냐, 사느냐' 또는 '싸울까, 도망칠까'의 생존을 위한 뇌가 작용하게 된다. 그 아이에게는 관심과 위로가 필요하다. 그리고 아이를 위로하는 데 있어 전문적인 기술은 필요하지 않다.

"괜찮니? 네 잘못이 아니야!"

감춰서도 안 되고, 감출 수도 없는 감정이 슬픔이다. 충분히 슬퍼할 수 있어도 되는 분위기, 그리고 허락, 그리고 기다림! 그것만 있으면 아이는 상처를 치유하고 다시 세상 밖으로 나올 수 있다.

나는 영호를 위해 아이가 좋아하는 고구마말랭이를 1년 정도 만들어 건네주었고, 어느 날 그중 한 개를 건네주며 "이거 선생님도 먹어 봐요" 라고 말하는 순간 '이제 이 아이 살아갈 수 있겠구나!'라고 느꼈다. 아빠를 잃은 지 4년 만에 아이는 처음으로 자신을 나누어 주기를 선택하게 된 것이다.

어느덧 10년이란 시간이 지났지만, 그날의 영호를 나는 잊지 못한다. 그리고 그 아이 자신의 삶을 잘 살고 있을 거라 믿는다.

사별을 경험한 아이를 위로하고 이해하기 위해 추천할 만한 책이 있어 소개해 본다.

《집으로 가는 길》(노란상상)

《무릎 딱지》(한울림어린이)

《아빠를 빌려줘》(한솔수북)

예민한 사람

유치원에 다니는 예슬이는 친구가 없다. 기질적으로도 꼼꼼함이 지나쳐 강박 성향이 있는 데다 맞벌이하는 엄마 대신 아이를 도맡아 키워 주신 할머니 역시 불안이 높아서 꼼꼼하고, 미리 챙기는 성향이라 아이의 기질을 더욱 확고히 해버렸다.

예슬이는 자신이 다가가면 친구들이 멀어진다고 서운해하고, 친구들이 자신을 싫어한다고 표현한다. 예슬 엄마는 예슬의 모습이 자신과 너무 닮았다면서 어떻게 하면 아이를 변화시킬 수 있는지 물어왔다. 어떤 면이 닮았는지 물어보자, 자신도 친구에게 다가가지 못했고, 그래서 지금도 친구가 없다고 얘기했다.

'친구가 없는 것이 닮았다'라는 표현은 맞는 듯 들리지만 맞지 않는다. 닮는다는 건 무작정 따라 할 수 있다는 의미가 큰데 친구가 없는 것을 애써 따라 하는 사람은 그리 많지 않다. 친구가 없는 것은 설명이 가능한 상황이지만 지극히 개인적인 행동이나 태도를 누구나 이해할 수 있는 보편적인 언어로 표현하는 건 쉽지 않기 때문에 닮았다는 표현이 부적절한 것이다. 예슬이와 엄마가 닮은 건 친구가 없는 것이 아니라 바로 '예민함'

이다.

그렇다면 '예민함'은 뭘까?

어떤 사람은 까칠하다고 표현하고, 까다롭다고 표현하기도 한다. 그리고 예민한 사람에게는 다가가기 어렵다고 말하기도 한다. 예민하다는 건 세상에 관한 관심이 높고, 타인이 자신에게 갖는 관심을 잘 알아챈다는 것이다. 또한 자신의 신체 반응과 감정에 대해서도 잘 알아차리고, 가끔은 타인이 던지지 않은 감정까지도 자기 것으로 잘 가져오는 것이다.

문제는 필요 없는 것까지 기가 막히게 알아차리고, 남이 버린 감정의 쓰레기까지 귀한 보물처럼 가져오는 것들 대부분이 긍정적이기보다는 부정적이고, 자기비하적인 데 반해 내가 해결할 수 있는 것은 없다는 데서 어려움이 발생한다고 볼 수 있다.

예민함이 필요할 때도 있다

하지만 예민한 사람이 있어서 우리는 배려를 받고, 위로를 받고, 공감을 받고, 치유 받는다는 것도 알아야 한다.

엄마한테 혼이 난 직후 학교에 갔는데, 마침 누군가가 "무슨 일 있어? 얼굴이 안 좋아 보여"라고 말을 걸어올 때 비로소 속상했던 마음을 공감받는 것 같고, 위로받을 수 있다는 희망을 품게 된다.

"너 많이 속상했겠다. 얼마나 힘들었을까? 이런 마음으로 학교까지 오기 쉽지 않았을 것 같은데 오다니 넌 진짜 멋진 친구 같아."

아침에 엄마에게 혼나는 일이 없었더라면 들어 보지 못했을 위로와 진심으로 나를 걱정해 주고 위로해 주는 친구에게서 '찐우정'을 경험할 수 있게 되는 것이다. 그리고 내가 경험한 이 정서를 나 역시 다른 사람에게 돌려주면서 성취감과 인정을 받고자 노력하게 되는 것이다.

만약 엄마에게 혼이 났고, 학교는커녕 살고 싶은 마음도 없는데, 아무도 나의 괴로움을 알아차려 주지 않는다면 어떨까?

'역시 나 같은 건 살 이유가 없어. 내가 왜 살아서 엄마한테 혼이 나야 하며, 오죽 못났으면 위로해 줄 친구 한 명이 없겠어'라고 정서와 사고가 극단적으로 달려가게 되는 것이다.

살아오면서 나를 위로한 것도, 나를 격려한 것도, 나의 사소한 걱정까지 알아준 것도 사실은 '예민한' 사람들이었음에도, 우리는 예민한 사람을 불편한 존재로 여길 때가 많다. "넌 왜 그렇게 예민하니?" "쓸데없이 예민하기는…" "딴 사람은 신경도 안 쓰는 일을 꼭 너만 예민하게 굴더라" 등등. 달면 삼키고 쓰면 뱉어 버리는 '예민함'에 대한 주변 반응들 때문에 오늘도 예민한 사람들은 혼란스럽고, 힘들기만 하다. 그래서 예민한 사람을 위한 솔루션을 제안하려고 한다.

예민함을 다루는 방법

예민한 사람은 스트레스 관리를 잘해야 한다. 남들은 신경 쓰지 않는 부분까지 신경 쓰는 사람이라면 당연히 내 주변의 환경 또는 사람이 나에게 '득' 아닌 '실'만을 준다면 '정리'를 해야 하는 것이다. 부른다고 다 달려 나갈 수 없는 관계라면 꼭 필요한 관계만 남기는 것이 필요하고 내

할 일만 하기에도 버겁다면 다른 사람의 부탁은 처음부터 거절하는 게 맞다.

두 번째는 일을 할 때 우선순위를 정해서 하는 게 필요하다. 예민한 사람들이 싫어하는 것 중 하나가 바로 불확실성이다. 사람도 일도 확실하다면 굳이 예민해질 이유가 없으니, 사전에 우선순위를 정해서 하나씩 해결해 나간다면 예민함을 줄일 수 있다. 그리고 이때는 '꼭 해야 하는가? 지금 해야 하는가?'에 대해 스스로 점검해 보는 게 중요하다. 일의 우선순위를 정하는 방법에는 아침에 눈 뜨자마자 오늘 할 일을 적기, 해야 할 일은 너무 오래 붙들고 있지 않기, 그리고 하루 동안 할 일 다섯 개 이내로 적기 등이다.

만약 할 일을 정했다면 그 일 자체도 아주 세분화해서 성공과 목표 달성이라는 기준을 여러 개 두는 게 좋다. 이는 산 정상에 오르기 위해서는 한 걸음 한 걸음 나아가는 게 필요하며 그 한 걸음이 모두 하나의 성공 경험이 되는 것과 같다. 즉, 높이가 낮은 계단이 많을수록 목표 달성이 수월해지고, 그 과정에서 발생할 수 있는 위험을 예측, 대비할 수 있음을 의미한다.

마지막으로 예민한 사람들은 감정에 휩쓸리기가 쉽다. 그러니 감정의 컨트롤타워였던 뇌에 이제부터는 감정이 아닌 관찰과 분석을 위한 돋보기를 쥐여 줘야 한다. 그래서 상황을 분석하고, 정보와 대상을 관찰하도록 유도해야 한다.

방법을 안다고 바로 해결되지는 않는다. 오히려 방법을 알았기 때문에 '잘하고 싶은데, 못하면 어떡하지?'라는 예민함이 올라올 수 있다. 바로 배려와 걱정을 동시에 하기 때문이다. 그래서 '변화에 대해 너무 크게 기대하지 말라'는 말을 스스로 해야 한다. 대신 '어떻게 하면 좋을지'를 고민하도록 자신에게 물어보면 된다.

예슬이의 예민함은 엄마의 선물이었다. 그래서 예슬이는 다른 사람을 기분 나쁘게 하거나, 다른 친구들과 싸우는 일이 한 번도 없다. 바로 예슬이가 갖고 있는 '걱정'과 '배려' 때문이다. 그것이 예슬이를 문제없는 아이로 만들었지만, 예슬이 자신에게는 문제가 되어 버린 것이다.

예슬이에게는 '허용'이 필요했고, 관찰과 분석이 필요했고, 스트레스 관리가 필요했다. 엄마가 자신에 대한 불안 및 양육 태도, 말하는 방식에 대한 코칭 상담을 받고 하루하루 달라짐을 경험할 수 있게 되었다.

예민함으로 인해 내가 받았던 상처가 아프고, 앞으로 받을 상처가 걱정된다면 한 번도 인정받지 못한 나의 예민함을 위로하고, 잘 살고자 하는 나를 격려하기 위해서 전문가의 도움을 받기 권한다.

화! 참아야 할까?
터트려야 할까?

이제 막 두 돌이 지난 지민이는 언제 울었냐는 듯 엄마인 유리 씨를 보며 박꽃 같은 미소를 짓고 있다. 유리 씨도 지민이의 웃는 모습에 이제까지 통제되지 않았던 화가 조금씩 가라앉고 있음을 느꼈다. 그리고 언제나처럼 미안함과 죄책감, 자괴감이 쓰나미처럼 밀려왔다.

자신은 어른이고 명색이 엄마인데, 아무것도 모르는 지민이가 이유 없이 짜증을 낼 때 자신이 조금만 더 참았어야 한다는 것을 유리 씨는 배워서 들어서 익히 잘 알고 있지만 오늘도 결국 20분을 넘지 못하고 터지고 만 것이다.

남편을 출근시키자마자 지민이가 일어나기 전에 빨래, 청소, 젖병 소독을 위해 바삐 움직이는데 그 소리에 지민이가 깨어버린 것이다. 충분히 잠을 못 잔 지민이는 쉽게 달래지지 않았고, 어질러진 거실만큼이나 유리 씨의 감정과 생각은 어질러져 가고 있었다.

결국 "왜 그래? 도대체 뭘 어떻게 해달라고 이러니?" 울면서도 엄마 품으로 파고드는 지민이를 향해 욕설과 화, 그리고 원망을 터트린 것에 대한 미안함. 화가 극에 달하면 아이를 창문 밖으로 던져 버리는 상상까지

하고 마는 것에 대한 죄책감. 자신이 부모로부터 사랑받지 못해서 평생을 안고 살았던 피해의식과 소외감을 아이에게만은 물려주지 않으리라 다짐했고, 누구보다 더 사랑받는 아이로 키울 자신이 있었는데 부모보다 더한 상처를 지민이에게 주고 있는 자신과, 이 현실에 대한 한심함과 자괴감이 밀려왔다.

정답이 없는 육아 전쟁

유리 씨는 자신은 엄마 자격이 없다고 생각했다. 그래서 남편에게 도움을 요청해 봐도 "넌 엄마잖아. 네가 낳았고, 지민이가 엄마를 얼마나 좋아하는데 그런 소리를 해. 엄마가 애를 못 보겠다는 게 말이 돼!"라는 핀잔만 날아들었다.

친정 부모 역시 "우리 때는 더 가난하고 힘들어도 애를 넷, 다섯 다 키웠다. 애 낳아서 키워 보니 이제 엄마가 좀 이해가 되니?"라는 말로 유리 씨를 투정 부리는 일곱 살 아이 취급을 했다.

유리 씨 역시 결혼이 이렇게 힘든 줄 알았더라면, 출산과 육아가 이렇게 힘든 일이라는 걸 미리 알았더라면 그렇게 겁 없이 결혼과 출산을 서두르지 않았을 것이다. 후회한들 달라질 게 없고, 도로 무를 수도 없는 상황에서 유리 씨는 점점 지쳐 가고 있었다.

한동안 엄마를 보며 웃고 있는 지민이는 아무 반응 없는 엄마의 모습에서 뭔가 불안함을 감지했는지 다시 입을 삐죽거리며 울음을 터트릴 준비를 하고 있었다. 지민이가 다시 울음을 터트린다면 유리 씨는 멘붕이 올 것 같았다. 그래서 지민이를 보며 마음속으로 빌고 또 빌었다.

'제발 울지 마! 제발….'

하지만 입을 삐죽대는 지민이를 바로 안아 주자니 아이가 참을성 없는 아이도 클까 봐 걱정되고, 마냥 지켜보자니 이미 한바탕 전쟁으로 기운이 빠질 대로 빠진 상태여서 화를 내면 참지 못하고 무슨 일을 저지르고야 말 것 같았다. 이럴 때 어떻게 해야 하는지 누군가 솔루션을 제공해 주었으면 좋겠다는 생각을 해본다.

상담을 하다 보면 애 문제인지 어른 문제인지 구분이 안 되는 고민으로 찾아오는 사람이 많다. 유리 씨처럼 양육 과정에서 아이를 어떻게 할까 봐 찾아오는 아기 엄마들도 의외로 많다. 엄마라면 당연히 하는 일이고, 못하는 사람이 부적응자 취급을 받다 보니, 산후우울증을 포함한 양육 과정에서 오는 스트레스를 온전히 해소하면서 사는 게 쉽지 않다.

화의 원인은 무엇일까

화는 '몹시 못마땅하거나 언짢아서 나는 성'의 의미를 지니며 사람이나 상황이 자신의 마음에 들지 않고 그로 인해 불편한 상태를 의미한다.

감정적인 속상함과 억울함, 서운함 등이 우울과 불안, 불면, 신체 증상을 일으키고 장기적으로 누적된 스트레스와 분노 때문에 발생한다. 화가 났을 때 나타나는 증상에는 고함, 욕설, 두통, 소화 증상, 가슴 떨림, 번열증, 입 마름 등의 증상이 나타나기도 한다.

스스로 통제할 수 있는 수준의 화를 넘어 통제할 수 없는 수준의 분노와 대인관계에서 어려움을 초래한다면 반드시 원인을 찾고, 환경개선에 대한 솔루션 및 치료를 받아야 한다. 조절되지 않는 화가 일상 전반에 영향을 끼치면 바로 화병이 되는 것이다.

'화병'은 억울하고 분한 일이 생겼을 때 그 스트레스를 풀지 못한 채 담아 둬서 생기는 병을 말한다. 미국 정신건강 편람인 《DSM-5》에도 'Hwa-byung'으로 번역 없이 그대로 표기되어 있을 만큼 한국사회 고유의 가부장적 문화가 만들어 낸 질환이다. 주부들이 가장 많이 겪었다는 화병이 최근에는 취업 문제, 입시, 학업 등으로 인해 점점 저연령화되고 있고, 다양한 연령층에서 경험하고 있다.

다음은 화병을 간단히 점검해 볼 수 있는 자가진단 문항이며, 이 중 2~3개 이상 해당한다면 평소에 화를 참고 생활할 가능성이 높다.

- ☐ 밤에 잠을 잘 자지 못하거나 자고 나도 개운하지 않다.
- ☐ 신경이 예민해져서 사소한 일에도 짜증이 난다.
- ☐ 두통이 생긴다.
- ☐ 소화가 잘 안된다.
- ☐ 숨이 쉽게 차오른다.
- ☐ 화가 나면 얼굴과 온몸에 열이 오른다.
- ☐ 가슴이 두근거린다.
- ☐ 의욕이 없다.
- ☐ 명치끝이 딱딱하게 느껴진다.
- ☐ 혓바늘이 돋아 음식을 삼키기 힘들다.

- ☐ 아랫배가 따갑다.
- ☐ 목 안이 꽉 찬 느낌이다.

(출처: 동국제약 블로그)

화를 다스리는 방법

그렇다면 화는 어떻게 다스려야 할까?

화에는 무엇보다 일상에서 받는 스트레스를 해소할 수 있는 자신만의 취미생활을 만드는 것이 필요하다. 운동으로 신체기능을 증가시키는 방법, 좋은 사람과 즐거운 대화를 하는 것, 맛있는 음식을 먹는 것, 힐링 되는 음악을 듣는 방법 등이 있다.

두 번째는 자신의 감정과 생각에 스스로 솔직해지고 인정해 주어야 한다. 자신의 목소리를 낸다는 것은 굉장한 용기가 필요한 일이다. 특히 많은 가정에서 아이들의 'NO'를 허용해 주지 않고, 때로는 감정이 격해져서 울고 있을 때조차도 슬픈 감정에 공감해 주기보다는 "울지 마! 우는 거 아니야! 뭐가 슬프다고 울어!"라고 감정을 거부하고 부정해 버리기 때문에 부정당할까 봐 비난받을까 봐 표현 못 하고, 표현하지 않는 것이 훨씬 안전하기 때문에 점점 입을 닫고, 나아가 자신의 감정을 부정하게 되는 것이다.

쓰레기를 쌓아 두면 악취가 나고 벌레가 끓듯이 감정도 쌓아 두면 악취와 부작용을 초래한다. 스트레스로 인한 질병, 쌓인 화를 애먼 상황이나 대상에서 푸는 것, 화 때문에 하는 음주와 흡연, 충동적인 쇼핑과 행동들이 다 풀지 못한 감정의 부정적인 결과물이라고 할 수 있다.

관계 안에서 발생하는 스트레스 예방을 위해서는 몇 가지 규칙을 적용하면 좋다.

- ✓ 모든 사람에게 사랑받을 수 없음을 인정하자.
- ✓ 관계에서는 얻는 것이 있으면 반드시 잃는 것도 있음을 알자.
- ✓ 세상에 아무리 귀한 사람이 있어도 0순위는 '나'여야 한다.
- ✓ 생각보다 사람들은 나에게 관심이 없다.
- ✓ 내가 듣기 싫은 말은 남에게도 하지 말자.

위에 나열된 것들만 지켜도 관계에서 받는 스트레스의 절반은 줄일 수 있을 것이다.

타인이 나의 감정을 살펴 주고 돌봐 주는 데는 한계가 있다. 나를 알아주지 않는다고 서운해하기 전에 나는 나를 잘 돌보고 있는지를 살펴야 한다. 자신이 보호받기 위해서는 무엇보다 자신이 자신을 돌보는 'selfcare'가 필요하다. 그리고 환경의 변화, 관계의 변화, 생각의 변화를 통해 나를 잘 지키기 위해 노력한다면 더는 '화'로 인해 나를 상처 내는 일은 없을 것이다.

공감이
변화를 부른다

공감은…

1. 타인의 눈으로 세상을 볼 수 있는 능력
2. 다른 사람의 느낌과 욕구를 이해하는 능력
3. 자신이 이해한 타인의 느낌에 대해 소통할 수 있는 능력

공감이라고 하면 내면의 깊은 이해나 정서적 교감 없이 고개만 끄덕여 주는 '행위' 정도로 생각하는 사람들이 있다. 그래서 상대방이 공감을 원한다고 할 때 "그래서 뭐가 해결되는데요?"라고 반문한다.

실제로 상담에 오는 많은 사람들은 친밀한 관계에서 공감받기를 원하지만, 공감을 받아 본 적도 없고, 공감을 해주는 방법 역시 모른다.

그럼에도 자신이 힘든 일이 있을 때 돈 몇 푼 통장으로 보낸 친구보다 먼 길 마다치 않고 달려와서 어깨 토닥여 준 친구가 더 기억에 남는다고 말한다. 바로 공감이다.

공감이란 누군가의 신발을 신고 그 사람이 걸었던 길을 판단이나, 평가 없이 그 사람처럼 걸어 보려는 심정이다. 부모를 잃은 슬픔, 누군가와

헤어지는 아픔, 열심히 준비한 시험에서 불합격 소식을 들었을 때의 실망감을 내 일처럼 알아주는 것이 공감이다.

그냥 그렇다는 것을 알아주는 '공감'

너무 어렵다고 생각하고, 굉장히 거창하게 생각하기 때문에 오히려 더 어렵다고 느껴질지 모른다. 게다가 삶에서 감정, 공간, 시간, 관계가 서로 얽혀 있다 보니 '지금' 상대방의 감정을 온전히 이해하기 힘들고, '지금' 상대방의 상황도 온전히 이해할 수 없는 것이다.

가정일이 힘들다고 말하는 부인에게 "빨래는 세탁기가, 밥은 밥통이, 설거지는 식기세척기가, 청소는 청소기가 하는데, 뭐 하는 게 있다고 힘들어!"라고 상대방의 힘듦은 재단하고, 축소하고, 비난하고, 평가해 버린다.

아내 역시 마찬가지다. 회사 일이 힘들어서 '회사 그만두고 싶다'고 말하는 남편에게 "당신이 회사 그만두면 당장 이번 달 카드값은 어떡할 거냐? 그리고 다른 집 남편들은 밤에 대리운전도 한다는데 하루 8시간 근무하는 게 뭐가 힘들어서 맨날 그만두고 싶다고 투정을 부리느냐! 그렇다고 남들보다 많이 벌어 오는 것도 아니잖아!"라고 말해 버린다.

이 말이 현실적으로 '맞지 않냐?'고 확인받으려 하고, '내가 뭐 틀린 말 했냐고!' 정당화하려 한다. 물론 현실적으로는 틀린 말이 아닐 수 있다. 하지만 공감은 사건의 크고 작음을 따지는 것도 아니고, 사실을 확인하는 것도 아니며, 증거를 바탕으로 진리를 탐색하는 것도 아니다. '그냥 그렇다'는 것을 '그냥 그렇구나' 알아주는 것이다.

세상에 아픈 사람, 힘든 사람, 어려운 사람 많지만 당장 내 눈앞에 있는 내 가족, 내 친구가 손톱 밑에 가시가 박혀서 아프다고 하면 "아프겠다… 어떡하냐?"라고 말해 주어야 하는데, 세상에서 가장 힘든 사람과 비교하고, 가장 어려운 사람과 비교하면서 투정 부리지 말라고, 징징대지 말라고 핀잔을 줘 버린다. 그러면서 시간이 많아서 그렇다는 둥, 절박하지 않아서 그렇다는 둥, 마음이 약해서 그렇다는 둥 상대방을 나약하고, 비겁하고, 무기력하게 만들면서 생각도 마음도 달라져야 한다고 정신 똑바로 차리라고 눈을 부라리게 된다.

이런 말들이 상황이나 사람의 변화에 어떤 도움이 되는지를 물으면 "그렇게 얘기를 했는데도 왜 안 바뀌는지 모르겠다"라며 의아해하는데, 나의 말이 상대방에게 가 닿지 않기 때문이다. 왜? 상대방은 그런 단어와 감정과 평가를 주문한 적이 없고, 내가 주문한 것들이 아닌 이상 내 안으로 받아들일 수 없어서 반송이나 방치를 해버리기 때문이다.

'고객님 주문하신 물품이 맞으세요?'라고 확인이라도 했다면 말하는 사람도, 듣는 사람도 감정소비를 조금은 줄일 수 있지 않았을까?

관계를 잘하기 위해 단계가 필요해

관계를 맺고, 소통을 잘하기 위한 변화에도 단계가 있다.

먼저 이해해야 한다.

역지사지로 입장 바꿔 생각해 보면 세상에 이해 못 할 일이 없다. 119

차량이 지나갈 때 비켜 주지 않는 사람들을 위해 "당신의 가족일 수 있습니다"라는 문구는 사람들에게 공감을 불러일으켰고, 이제는 사이렌 소리가 들리며 꽉 막히던 도로도 홍해처럼 갈라지는 기적을 보이게 했다.

두 번째는 인정해 주어야 한다.

사람마다 처한 상황이나 생각에 차이가 날 수밖에 없다. 사람은 매 순간 최선의 선택을 하려고 애를 쓴다. 비록 그것이 다른 사람 눈에는 부족하고, 어설프고, 미성숙하게 보일지라도 그 사람 입장에서는 최선이고, 그 최선을 선택하기 위해 용기를 냈을 거라고 인정해 주어야 한다.

마지막으로 변화를 시도해 볼 수 있다.

이제야 비로소 변화를 시도해 볼 수 있다. 그 당시, 그 상황에서는 그런 선택과 방법이 최선이었다는 것을 믿는다. 그럼, 지금은 어떤 선택을 하는 것이 최선일까? 지난번의 선택이 원하던 결과와 이익을 주지 않았다면 이번에는 어떤 선택이 너에게 이익을 안겨 줄지에 대해 스스로 고민하고 선택할 수 있게 기다려 주어야 변화가 가능하다.

"그걸 잘 못하니까 대신 해주려고 하는 거예요"라고 말하는 사람들도 있다. 내 아이 또는 내 배우자, 그리고 동료가 선택하는 힘이 없어서 대신 선택해 주는 것이 뭐 나쁜 일이냐고 따지기도 한다. 가족이 아니면, 친구가 아니면 누가 이런 말을 해주겠냐고, 스스로를 정당화하기도 한다.

어찌어찌해서 물가까지 끌어갈 수는 있지만 억지로 물을 마시게 할 수 없다는 것을 기억해야 한다. 그리고 물가까지 끌어가려는 행동보다는 물가를 찾는 방법을 알려 주는 것이 최선임을 잊지 말아야 한다. 스스로 목마름을 느끼고, 목마르다고 표현해야 하고, 목마름에 공감해 주어야 비로소 물을 찾는 힘을 끌어모을 수 있을 것이다.

그러니 "빵이 없으면 고기 사 먹어!"라는 섣부른 질타보다 "서러운 그 심정 이해한다. 배고픈 마음밖에 알아줄 게 없어서 미안하다"라는 공감이 관계에서도 변화에서도 더 중요한 요소임을 잊지 말아야 할 것이다.

중년의 위기

젊음의 상실? 중년기에 필요한 마음가짐

상담을 하면서 나이를 먹었다는 것에 감사할 때가 많다. 그냥 먹은 것이 아니라 결혼, 출산, 육아, 위기, 상실의 많은 과정을 거쳤고 그런 경험들이 있기에 감사하다. 흔히 중년기를 빈 둥지 증후군을 경험하는 시기라고 한다. 이 시기에 자칫 우울에 빠질 수 있으니 조심하라고 경고하기도 한다. 성장한 자녀를 독립시키는 진수기라고도 하며, 아직은 부모의 지원이 필요한 자녀와 부모 부양책임을 동시에 져야 하는 샌드위치세대라고 한다.

어떤 수식어로 표현해도 중년은 힘든 시기임이 분명하다. 그러니 부모 덕에 고생을 몰랐던 10대, 그리고 친구와 즐거움만 있으면 살아지던 20대와 가정과 직업이라는 역할을 찾는 30대보다 40대 이후의 중년의 삶을 잘 설계해야 할 것이다.

다양한 부분에서 여러 가지 역할이 요구되지만 정작 신체는 노화되고, 경제적으로는 자녀의 결혼과 노후 준비, 부모 부양에 따른 부담이 크고,

사회문화적으로도 위치에 어울리는 소비와 수준을 갖춰야 하며, 부모의 죽음과 가정의 위기에 따른 이별과 상실감도 처리해야 한다.

과학과 의료기술의 발달로 수명이 늘어나면서 중년기 시작은 늦춰지는 반면, 전체 기간은 더 길어지고 있어 중년기를 보통 40~60세로 보고 있다. 문화마다 국가마다 다르게 정할 수 있지만 중년이 경험하는 변화는 대체로 분명하다. 25세 무렵 청각의 노화를 시작으로 근육 노화, 시각·감각의 노화가 이어지고, 피부, 치아, 머리 색, 체형까지 다양한 부분에서 나이 듦의 증거들이 확연히 드러나게 된다.

그뿐인가? 40대가 되면 질병으로부터 자유롭지 못하다. 40대 사망원인 2위가 자살이며, 암은 압도적으로 1위를 차지하고 있다. 중년기를 두고 다양한 학자와 심리학자들도 여러 의견을 내놓았다. 독일의 정신분석학자이자 자아심리학을 연구한 에릭 에릭슨(Erik Erikson)은 중년기를 자녀 양육, 직장생활에서 창의적 생산성이라는 발달과업을 수행하는 나이라고 했으며, 분석심리학의 칼 구스타프 융(Carl Gestav Jung)은 중년기는 이제까지 외부에서 보이는 이미지가 중요했던 외적 자아에서 내적이고, 정신적인 자아로의 전환이 필요한 시기라고 했다.

다시 말해 중년기 터닝포인트에는 이제까지와는 다르게 인생을 새롭게 다잡아야 하는데 그 중심이 '나'여야 한다. 누구의 자식으로, 누구의 아내와 남편으로, 부모로 살았다면 중년이야말로 온전한 '나'로 살아가야 할 것이다.

이 기회를 놓치게 되면 이제는 그저 사회구성원으로서 또 다른 역할만을 좇다 황혼을 맞이하게 되고 조지 버나드 쇼(George Bernard Shaw)의 비문처럼 "우물쭈물하다 내 이럴 줄 알았지!"라고 한탄하게 될지 모른다.

온전한 나로 살기 위해

온전한 나의 삶을 살기 위해서는 먼저 자신의 가치관을 점검해 볼 필요가 있다. 돈과 명예를 좇아 살았지만 지금 서 있는 곳이 내가 원했던 곳이 아니라면 더 높이 오른 뒤 내려오는 길을 잃어버리거나 내려올 힘조차 남아 있지 않아 주저앉기 전에 내가 진정으로 오르고 싶었던 그 산이 어디인지 점검해 봐야 하는데 그것이 바로 '가치관'이다.

스티브 잡스는 "핵심에 있는 것은 우리의 가치관이며, 우리가 내리는 결단과 행동은 그 가치관의 거울이다"라고 말했다. 내가 하는 일이 어떻게 보이는가가 중요한 것이 아니라, 그 삶이 자신에게 어떤 의미이며 어떤 목표를 향해 나아갈 것인지를 찾는 것이 중요하다.

두 번째 점검할 것은 세련미인데, 의상이 아닌 말에 따뜻함을 입혀야 한다. 누구나 본인이 꼰대가 아니라고 생각하고, 꼰대가 되고 싶지 않다고 말하면서도 어딜 가든 드러나는 꼰대가 되기를 마다하지 않는 사람들이 있다.

"나 때는 말이야."

"요즘 젊은것들은 말이야."

이런 말들은 결국 시대를 따라가지 못하고 있음을 스스로 증명하고 있는 것이며, 어른으로서 자랑할 것이 과거밖에 없다고 떠벌리는 것이다. 몸은 2024년을 살면서 마음과 생각은 2000년을 살고 있다면 요즘 아이들이 이상한 것이 아니라 과거에 머물러 있는 본인이 이상함을 깨달아야 할 것이다.

흔히 나이를 먹으면 입은 닫고, 지갑은 열라고 한다. 또한 사회적 위치와 직급이 높아질수록 혼자 있는 시간을 즐기고, 회사에 도시락을 싸서 다니라고 한다. 즉, 나이 듦은 실존주의에서 말하는 고독을 친구삼을 나이인 것이다.

지금의 멋짐을 마음껏 발산하자

실존주의에서는 인생에서 벗어날 수 없는 고통과 함께, 죽음, 상처, 불안, 고독이 삶에 필요함을 언급하고 있다. 흔히 마흔을 불혹이라고 한다. 세상의 유혹에도 흔들리지 않고, 타인의 시선과 말, 행동에 흔들리지 않게 마음 깊이 자존감, 가치관이라는 뿌리를 내려야 하는 나이이기 때문이다.

특별한 몇몇을 제외하고는 중년이 되면 외적인 생김새도, 입는 모양새도, 생각도 비슷해진다. 중년이 되면서 잃은 것이 젊음이라면 그 외 많은 것들을 얻기도 했다는 걸 기억해야 할 것이다. 사회적 지위, 마음의 여유, 장성한 자녀, 어지간한 일에는 부화뇌동하지 않는 뚝심이 바로 그것이다.

중년에게 없는 것이 젊음인 건 맞지만 그렇다고 젊었던 그때로 다시 돌아가겠냐고 물었을 때 많은 중년은 아니라고 대답한다. 왜일까? 젊기도 했지만 젊음 외에는 할 줄 아는 것도 없고, 가진 것도 없고, 미래에 대한 비전 역시 흐릿하고, 부모 잘 만난 주변 친구들 그리고 좋은 학교, 좋은 회사에 취직한 친구들과 나를 비교하면서 내가 얼마나 부족한지를 가감 없이 경험해야 했기 때문이다.

필자인 나 역시 중년이 되었다. 아이들은 성인이 되어 각자 역할을 잘 하고 있고 주부, 아내, 엄마로서의 역할에서도 자유로워졌다. 그렇기에 나 역시 젊었던 그 시절, 화장을 지우지 않고 잠이 들어도 피부 당김이 없고 밤을 새워도 피곤하지 않던 그 시절이 그리울 때도 있지만 다시 돌아가고 싶지는 않다. 중년이 되고 보니 비로소 인생이 보이기 시작하기 때문이다. 과거를 원망하거나 미래를 불안해하지 않고 지금을 직시하면서 한발 한발 걸어 나갈 용기가 생기기 때문이다. 그러니 중년만이 가질 수 있는 그 멋짐을 마음껏 발산하며 지금, 여기, 나를 즐기시기 바란다.

PART 5

인정:

있는 그대로 당당해지기

경계(boundary)

대한민국의 많은 며느리, 사위, 직장인, 부부, 학생들이 귀경길만큼이나 긴 후유증을 앓게 된다. '명절증후군'이 그것인데 가장 큰 원인이 '말'이다.

명절 때 듣기 싫은 말에는 어떤 것들이 있을까?

"결혼은 언제 할래?"

"아이는 왜 낳지 않니?"

"큰아이 대학 어디 갔어?"

"남편 승진했어?"

"살이 더 쪘네?"

(며느리에게)"내 아들 얼굴이 핼쑥해졌네."

밤새워 나열해도 다 못할 만큼 많은 말들이 이번 명절에도 취준생, 며느리, 미혼(혹은 비혼)남녀, 딩크족 또는 난임 부부에게 비수가 되어 꽂혀 있을 것이다.

왜 우리는 타인에게 이토록 관심이 많은 것일까?

명절 준비를 하는데, 성인이 된 조카와 오빠 사이에 신경전이 벌어졌다. 명절 당일에 친구들과 약속을 잡았다는 조카의 말에 대뜸 "안 돼!"라고 고함을 쳤다.

안 되는 이유는 일단 조카는 여자이고, 기본적으로 여자는 술을 마시면 안 되지만 그럼에도 사회생활을 위해서 어쩔 수 없이 술을 마실 수 있는 날을 주 1회 허락했지만, 10시 통금시간을 반드시 지켜야 하는데, 이번 주는 벌써 어겼다고 했다. 오빠의 주장에 대해 조카 또한 반발했다. 주 1회, 10시와 관련된 규칙을 들은 기억이 없고 여자이기 때문에 외출이 안 된다는 건 구시대적 발언이라고 응수했다.

성인이 된다는 것은 스스로의 선택에 책임을 지는 것이다. 딸에 대한 사랑이 클수록 여러 선택지 중에 자신의 가치관에 맞는 것을 잘 선택할 수 있도록 돕고, 선택에 책임질 수 있도록 알려 주는 것이다. 즉, 물가에 내놓은 자식이 불안하거든 미리 수영하는 법을 가르치고, 파도를 뚫고 헤쳐 나오는 방법을 가르치면 되는 것을 언제까지 물가는 위험하니 가지 말라고 단속할 것인지를 고민해야 하는 것이다.

20여 분간의 실랑이 끝에 결국 조카는 아빠에게 서운해서, 오빠는 딸이 자신의 마음을 몰라줘서 삐치고 말았다. 갈등의 포인트는 통금시간이나 규칙이 아니다. 바로 성인이 된 한 인간을 사랑이라는 이유로 간섭하고 통제하는 데 있다.

경계란?

우리는 타인의 인생에 어디까지 관여할 수 있을까? 그리고 자식은 타인일까 아닐까?

타인이 내 집에 함부로 들어오지 못하게 담을 쌓듯이 누군가 허락 없이 내 권리를 침해하지 못하도록 규정된 모든 것들이 바로 경계이다. 타인과의 관계에서만 필요한 것이 아니라 가까운 사이일수록 경계는 분명해야 한다. 그러니 부모 자녀 간에도 경계는 당연히 필요하다. 부모라는 이유로 하나부터 열까지 묻고 알아야 하고 체크하면 아이는 미쳐 버리거나 제 손으로는 수저 하나도 들지 못하는 반편이 된다. 자녀가 나무꾼이 되기를 바란다면 도끼를 손에 쥐여 주고 직접 나무를 찍어 보게 해야 하는 것이다. 도끼는 다칠 수 있으니 잡지 말라고 하면서 아이에게 나무꾼이 되기를 종용하는 것, 즉 원하지 않는 간섭과 참견은 폭력과 다를 바가 없다.

일반적인 지식수준을 갖고 있다면 누구나 사랑과 폭력을 구분할 수 있음에도 수준이 높아질수록 폭력을 하면서 사랑이라고 우기는 부모가 많다. 왜? 부모가 되면 누가 시키지 않아도, 어디에서 배우지 않아도 자신이 줄 수 있는 것을 최선을 다해 주고 그것을 사랑이라고 생각하기 때문이다. 그런 부모들의 무한한 사랑이 아이들에게는 지울 수 없는 상처가 되는 것 또한 진실이다. 삶에서 경험하는 가장 강력한 외상 경험은 어린 시절의 정서적 학대인데, 그 학대 안에는 간섭, 통제가 포함되어 있다. 사랑한다면서 때리는 행위, 아낀다면서 통제하는 행위, 그런 사랑에 의해 많은 아이들이 가슴에 생채기를 입고 상담 장면에 초대되거나 스스로 살아남기 위해 거짓말을 할 수밖에 없다.

나의 경계는 건강한가

자식을 스스로 서지 못하는 인간으로 키우고 싶다면 지금 하고 있는 것들을 그대로 유지하면 된다.

"일어나라."

"밥 먹어라."

"그렇게 웃지 마라."

"얌전히 있어라."

"공부해라."

"연애하지 마라."

"의사가 되어라."

만약 진심으로 내 아이가 건강하게 성장해서 건강한 사회구성원으로서 기능하기를 바란다면 이것 하나만 명심하면 된다. 이제껏 부모로서 당연하다고 믿으며 해왔던 것들을 놓는 것! 그리고 내가 원하고 사회가 원하는 아이가 아니라, 아이 스스로가 원하는 인생을 살 수 있도록 기다려 주고 버텨 주면 된다.

고양이는 새끼 고양이에게 쥐 잡는 법을 알려 줄 때 절대 쥐를 잡아 입에 넣어 주지 않는다. 새끼 고양이 앞에 쥐를 잡아다 주고 충분히 탐색하고, 가지고 놀면서 스스로 먹이로 인식하고 사냥할 수 있도록 기다려 준다.

"취직이 조금 늦으면 어때."

"결혼이 조금 늦으면 어때."

"승진이 조금 늦으면 어때."

"어느 대학이 뭐 그리 중요하니?"

진짜 중요한 건 "그럼에도 불구하고 너를 믿는다. 너를 사랑한다"라는 믿음이다. 그런 믿음으로 경계를 지켜 나가면 되는 것이다.

그렇다면 눈에 보이지 않는 이런 경계들을 어떻게 확인할 수 있을까? 내가 만들어 놓은 경계, 혹은 나를 둘러싸고 있는 경계가 건강한지를 확인해야만 나의 권리도, 타인의 권리도 지켜 낼 수 있다.

나의 사랑이 사랑으로 받아들여지지 않았거나, 가족 누군가의 관심에 숨이 턱턱 막힌다면 이미 사랑의 수준을 넘어섰다고 볼 수 있다. 즉, 내가 침범했거나 침범당한 것이다. 경계만 잘 지켜도 가족 안에서 발생하는 문제의 절반은 줄일 수 있다. 우리 가족은 어느 정도의 경계가 있는지 확인하고, 느슨해진 경계를 다시 다지는 기회를 통해 진정한 가족애를 다지기를 권해 본다.

사람을 나누는 기준

30세 현철 씨는 직장인 4년 차로 요즘 사직을 고민 중이다. 신입을 벗고 이제는 일도 어렵지 않고, 직장 분위기도 낯설지 않은데 어찌 된 일인지 신입 때보다 출근이 힘들고 직장인으로서 보람이나 재미는커녕 하루하루가 힘들게만 느껴진다. 주변에 도움을 청해 보려 해도 현철 씨가 입을 열기도 전에 "배부른 소리 한다" "그럴 때 됐다. 시간이 지나면 해결된다"라는 말만 들었다. 하지만 아무리 생각해도 자신이 왜 힘든지 그 이유도 모르겠고, 시간이 지나도 해결되기는커녕 최근에는 '출근' 생각만 해도 편두통까지 찾아와 상담실에 오게 됐다.

현철 씨는 목소리도 작고, 일과 사람 관계에서의 자신감도 없었으며 자존감도 낮았다. 상담 중에 종종 머리를 붙드는 모습을 보이기도 했다. 자신도 자신이 대충 그런 사람인 건 알고 있지만 왜 그런지를 모르겠다고 호소했다.

학교 다닐 때 공부도 웬만큼 했고, 친구관계도 나쁘지 않았고, 부모님이 칭찬도 많이 해주셨는데, 자신은 왜 서른 살이 됐는데도 매사에 의욕이 없는지 모르겠다고 했다.

취미생활이 없어서 그렇다고 에너지를 쏟아부을 무언가를 하면 좀 나아진다는 조언에 운동, 악기, 동호회 등 이것저것 시도해 보았지만, 시작과는 달리 흐지부지 끝나 버리곤 해서 이제는 무언가를 시작한다는 것 자체가 의미 없다고 느껴졌다.

어렸을 때도 문득 밀려오는 공허감을 채우기 위해 공부도 하고, 일부러 친구들하고 친하게 지내려고 애썼는데, 어른이 돼서도 사라지지 않는 공허감 때문에 남은 생에 대한 기대도 없고, 왜 살아야 하는지도 모르겠다는 것이 현철 씨의 진짜 걱정이다.

현철 씨의 말이나 태도, 그리고 호소하는 내용을 보면 우울증이 의심된다. 현철 씨는 자신이 우울할 이유가 없다고 생각하고 있던 것이다.

나는 어떤 사람일까

사람을 구분하는 기준에는 여러 가지가 있다. 타고난 성별에 따라 구분되는 남성과 여성으로 시작해서 아이와 어른, 젊은이와 노인, 소심한 사람과 대범한 사람, 외향적인 사람과 내향적인 사람, 상처 주는 사람과 상처받는 사람, 예민한 사람과 둔감한 사람, 나만 보는 사람과 너만 보는 사람….

이렇게 많은 구분 기준 안에서 '나'는 어떤 사람일까?

필자는 여성이면서 중년이고, 소심하면서 내향적인 사람이며 상처를 주기도 하고 받기도 하는 사람이다. 그리고 예민하기도 하면서 둔감한 사람이면서 나만 못 보는 사람에서 차차 나도 봐주는 사람으로 발전하는 중이다.

수많은 기준 중에 더 좋은 것도 더 나쁜 것도 없다. 다만 나를 포함하고 있는 기준이 '지금'의 나에게 안전한가, 좋은가, 편안한가를 살펴야 한다.

현철 씨는 어떤 사람일까? 현철 씨는 배려하는 사람, 투정 부리지 않는 사람, 자기 일을 남에게 미루지 않는 사람, 타인의 불편감을 못 참는 사람, 손해 보는 사람, 조용한 사람, 튀지 않는 사람이라고 자신을 소개했다. 현철 씨는 어려서부터 자기 할 일은 스스로 하면서 부모님 속 한번 썩이지 않았으니 어디 가든 자랑할 만한 아들이었을 것이다. 이런 친구가 있었다면 힘든 일이 있을 때 기꺼이 부탁할 수 있고, 나의 아픔을 본인의 아픔처럼 나눠 주니 든든하고 고마웠을 것이다. 이런 동료가 있다면 누구나 싫어하는 일을 기꺼이 맡아 주니 직장생활에서 경험하는 억울함이 생기지 않아 같은 부서, 옆자리에 두고 싶었을 것이다. 이런 사람이 가까이 있다면 언제든 먼저 지갑을 열어 주니 "내가 사야 하나?" "더치페이를 하자고 말해야 하나?" 고민하지 않아도 되니 편안했을 것이다.

하지만 현철 씨 입장에서는 어땠을까?

어디를 가던, 누구를 만나던 자신의 자리와 역할이 있어서 소속감과 책임감을 느낄 수는 있겠지만, 과연 편안했을까? 안전하다고 느꼈을까? 자신의 역할이 스스로 마음에 들었을까?

현철 씨는 사람을 구분하는 여러 기준 중에서 '나만 못 보는 사람'에 속했다. 내가 배고파도 다른 사람을 먼저 먹이고, 내가 힘들어도 다른 사람이 힘든 것을 먼저 살폈다.

타인에게 중요한 사람 vs 자신에게 중요한 사람

세상에는 두 종류의 사람이 있다. 나만 보는 사람과 나만 못 보는 사람!

나만 보는 사람은 자신의 느낌, 욕구에 충실하지만 가끔은 지나치게 자신만을 챙기다 보니 이기적이라는 말을 듣기도 한다. 이와 반대로 나만 못 보는 사람은 현철 씨처럼 타인에게는 한없이 좋은 사람으로 어디를 가든 환영받고, 누구에게든 좋은 사람이란 칭찬을 듣지만, 자신에게는 굉장히 인색한 사람이다.

현철 씨도 자신이 착함을 넘어 때로는 호구가 된다는 것을 알고 있지만 자신만 참으면 세상이 편안해지는 것 같아 자신의 희생을 멈출 생각이 없다. 만약 현철 씨의 욕구가 타인과 잘 지내는 것이라면 관계의 시작은 자신임을 누군가는 알려 주어야 할 것이다. 타인으로부터 인정받기를 원한다면 완벽한 사람이 되라고 채찍질할 것이 아니라 그만하면 충분하다고 누군가는 말해 주어야 한다.

어쩌면 현철 씨는 자신에게도 타인에게도 무기력해져 버린 상태인지도 모른다. 아무것도 하지 않아도 되는 자신을 견디지 못하는 무기력, 굳이 배려하지 않아도 되는 관계를 견디지 못하는 무기력!

이제 현철 씨는 타인이 아닌 자신에게 물어보아야 할 것이다. 타인에게 중요한 사람이 될 것인가? 자신에게 중요한 사람이 될 것인가? 그리고 자신에게 중요한 사람이 되기 위해 가끔은 미움을 받을 수도 있고, 거절을 할 수도 있어야 함을 연습시켜야 온전한 '나'로 살아갈 수 있을 것이다.

끌림의
이유

영화 〈해리가 샐리를 만났을 때〉는 개봉한 지 30년이 지났지만 지금도 '청춘 남녀의 사랑' 하면 가장 먼저 떠오르는 1순위 영화다. 남녀관계에서 일어나는 심리의 전형적인 모습을 잘 다뤘기 때문이다. 첫 만남에서 큰 끌림은 없었지만, 시간이 지날수록 자꾸 생각나는 사람, 그리고 사랑.

일과 사랑

정신분석학자인 지크문트 프로이트(Sigmund Freud)는 기능하는 인간의 기준을 '일과 사랑'으로 두었으며 그 외 많은 학자들도 이와 크게 다르지 않다. 에릭 에릭슨(Erik Erikson)의 경우 인간이 성장하면서 해결해야 할 발달과업에서도 학령기의 근면성 이후 성인기에는 친밀감, 생산성, 통합 등의 과제를 제시하면서 청춘남녀에게 있어 가장 중요한 과업은 친밀감과 이를 통한 인연과 사랑에 대해 제시하였다.

인간은 기본적으로 인정과 사랑에 대한 욕구가 있다. 이를 증명하듯 남녀노소를 불문하고 상담에서 호소하는 문제도 크게 다르지 않다. 정상적인 발달 과정과 속도에 대해 고민하는 유아동기를 거쳐 학령기 아동·청소년의 고민은 성적, 성격, 외모가 높은 비율을 차지하고 있다. 직장인의 경우에도 일보다는 관계 때문에 상담에 오는 경우가 많은데, 미혼의 경우 어떤 사람을 만나야 할지 고민이 된다고 호소하는 사람이 의외로 많다. 나의 인연이 누구인지, 제대로 된 인연을 만나고 싶은데 어떤 사람이 그런 사람인지 모르겠고, 가끔은 떠나간 인연 때문에 상처받은 마음을 고스란히 싸 들고 상담실에 온다.

아무리 짚신도 제짝이 있다지만 나의 짝을 찾는 과정은 절대 만만치 않다. 이상형에 대한 많은 조건이 있지만 막상 인연을 맺은 사람은 내가 목청껏 외쳤던 이상형과는 상당한 차이가 있다. 이상형이 아닌 사람과의 만남이 잘못됐다는 의미는 아니다. 다만 우리는 누구에게 반하는가? 즉, 끌림의 본체가 무엇인지를 알아야 하는 것이다.

관계를 위한 첫인상은 3초 안에 결정된다. 외모, 성격, 학벌 등 여러 가지를 재고 따지지만 결국 우리는 누군가를 만나면 무의식적으로 어린 시절 경험한 가족의 모습을 재현해 줄 것 같은 사람에게 끌리게 된다. 어린 시절 가난했거나 부자였거나, 행복했거나 불행했거나 상관없이 지극히 익숙한 그 감성과 정서에 대한 그리움이 있는 것이다. 어른이 되어서 고향에 돌아오면 편안함을 느끼게 되는 것과 같은 이치로 '귀향증후군'이라고 한다.

정신분석학자 프로이트 역시 사랑의 본질은 상대방에게서 자신의 모습을 보게 되는 나르시시즘, 즉 자기애라고 했다. 상대방을 통해 나의 익숙한 정서를 확인하면서 그것을 편안하다고 착각하고, 그 편안함을 다시 좋다고 착각해 버린다. 그리고 결국 그것이 편하거나 좋은 게 아니라 단지 익숙했다는 걸 알게 되면서 상대와 나에 대한 미움과 원망이 커지게 된다.

끌림의 이유

사랑하는 사람을 만났을 때와 100미터 달리기를 한 이후의 심장박동은 비슷한 속도로 빨라지는데, 이때 힘들었을 때의 심장박동에 대해 구분해 본 적이 없다면 우리는 힘든 상황에 대한 익숙함으로 인해 단지 심장박동이 빨라지는 것만으로 나를 힘들게 하는 사람을 보며 사랑한다고 착각해 버릴 수 있는 것이다.

그러니 누군가에게 끌린다면 타인에게 "내가 왜 좋아?"라고 질문할 것이 아니라 스스로 "왜?"라고 질문을 던져 봐야 한다. 그 사람의 말투, 감성이 주는 편안함 때문이라면 그 편안함이 나에게 어떤 의미인지를 생각하고 또 생각해야 관계의 우(愚)를 범하지 않을 수 있다.

스스로에게 질문을 던지지 못하고 가끔 관습에 기대는 사람도 있다. 끌림이 없는데도 소개팅 이후 세 번은 만나 보고 결정하자는 생각으로 억지로 만나 보지만 역시 끌림보다는 단점이 더 많이 들어오게 된다. 한 번 만났을 때 끌림이 없는 사람은 세 번을 만난다고 크게 달라지지 않는다. 이유는 간단하다. 그 사람에게서 나를 발견할 수 없기 때문이다.

가족상담사 보웬(Murray Bowen)은 불행한 결혼의 세대 전수는 잘못된 배우자의 선택에서부터 시작된다고 말한다. 즉 어린 시절의 정서 재현이나 상대에게서 나를 보는 것은 결국 어린 시절 해결하지 못한 문제를 반복하게 되고, 성인이 되어 누군가를 만나 결혼했지만 결국 문제 상황에서는 그 시절의 어린아이들이 튀어나와 싸움을 하고, 투정을 부리고, 문제를 악화시키고 결국 유치하게도 원인을 상대방에게 돌린 채 'sad ending~'으로 마무리 짓게 된다.

누군가를 사랑하게 되면 옥시토신이라는 사랑의 묘약이 분비된다. 이 호르몬은 엄마가 갓난쟁이에게 젖을 물릴 때도 분비되기 때문에 모성애라는 것이 결국 출산 이후 잦은 스킨십과 눈맞춤을 통해 생성됨을 이해하게 된다. 남녀가 사랑을 할 때도 분비되는 옥시토신은 3개월 정도이고, 이후에는 그동안 쌓았던 신뢰와 정, 그리고 추억으로 인연을 이어가게 된다. 이것을 사람들은 콩깍지라고 부르기도 하지만 결국 끌림, 관계, 인연에 대해 이해하기 위해서는 나를 알아야 하는 것이다.

"안에서 새는 바가지 밖에서도 샌다"라는 속담이 있다. 나를 이해하지 못하고, 나를 귀하게 대하지 못하고, 나를 사랑하지 못하는 사람이 타인에게 사랑받고 싶고, 이해받고 싶고, 귀한 사람으로 대접받기는 쉽지 않다.

그러니 누군가를 선택하기 전에 나에 대해 객관화할 필요가 있다. 힘없는 그 시절 받았던 상처와 감정들을 찾아 위로하고, 그때의 두렵고 불안했던 마음을 이해하고, "네 잘못이 아니었다" 그리고 "너는 최선을 다했다" 공감해 주는 일련의 과정을 반복하고 또 반복해서 해결해 주는 작업 뒤에야 비로소 객관적인 눈으로 상대를 만날 수 있게 된다.

끌림은 어제도 내일도 아니며 타인도 아닌 지금 여기에서의 나로부터 시작되어야 함을 잊지 말기를…. 당신은 이미, 충분히 사랑받기 위해 태어난 사람이며, 어떤 경우에도 당신의 선택은 당신에게는 최선이었음을 잊지 말자.

마음의 감기,
우울

아침저녁 출근길에서 만나는 풍경들은 매일 다른 자태로 길손들을 유혹한다. 이렇게 좋은 날! 모두가 행복해 보이는데 손가락 까딱하기 싫을 정도로 에너지가 없고, 의욕도 없다. 그뿐인가 입맛도 없고, 넘어가는 해를 볼 때마다 왜 살아야 하는지도 모르겠다. 기운이 없어서 그런가 싶어서 영양제도 맞아 보고, 일부러 약속을 잡아 김밥 싸고 과일까지 챙겨 산에도 가보지만 오르내리는 그때뿐이다. 다시 내 자리로 돌아오면 허탈함과 황망함이 '쓰나미'처럼 몰려온다.

'내가 왜 이럴까?' 혼자서 이런저런 생각도 해본다. 누구와 얘기라도 좀 하면 나아질까 싶어서 전화기를 뒤져 보지만 내 마음을 알아줄 한 사람 찾기가 모래밭에서 바늘 찾기보다 힘들다. 결국 전화기를 접고 누웠는데, 이런저런 생각에 몸은 방바닥 밑으로 꺼질 것 같고 두통까지 밀려온다. 식구들이 올 시간이 됐음에도 일어날 수가 없고, 그냥 이대로 사라지고만 싶다.

마음의 독감

"선생님 제가 우울증일까요?"

조심스럽게 물어온다. 마치 큰일이라도 난 것처럼 비밀스럽게. 상담사의 입에서 우울증이 아니라는 말이 나오길 잔뜩 기대하는 눈빛이 부담스러울 정도이다.

"왜 그렇게 생각하세요?"

정확한 진단을 위해서는 여러 가지를 살펴봐야 하지만 그중에서도 개인의 주관적 경험도 놓칠 수 없는 한 부분이다.

이제껏 겪은 것들을 줄줄이 얘기한다.

"누구에게 얘기해 보셨어요?"

식구나 주변 사람들도 요즘 '왜 그렇게 기운이 없냐?'고 '어디 아픈 거 아니냐?'고 해서 병원에도 가봤지만, 아무 이상이 없다고 했다. 그래서 이래저래 생각해 보니 자신이 우울증인 것 같은데, 아무에게도 말할 수 없었다고 한다. 우울증은 정신병이고 정신병에 걸렸다고 하면 자신을 이상하게 볼 것 같고, 그러면 더 우울해질 것 같고, 자신 때문에 가족들까지 우울해질까 봐.

우울증은 왜 걸릴까?

우울장애는 슬픔, 공허감 짜증스러운 기분과 수반되는 신체적, 인지적 증상으로 인해 개인의 기능을 현저하게 저하시키는 부적응 증상을 의미

한다. 오죽하면 우울을 심리적 독감이라고 부를까. 한 조사 자료에 따르면 우울장애는 전 세계적으로 직업적 부작용을 초래하는 가장 중요한 요인으로 보고되고 있다. 우울장애는 흔히 자살에 이르게 한다는 점에서 치명적인 심리적 장애이기도 하다. 젊은 세대가 그 전 세대보다 더 높은 우울장애 빈도를 나타내고 연령도 점점 낮아지고 있다.(권석만, 《현대 이상심리학》 2판, 학지사 참조)

기운이 없으면 감기가 오듯 마음에 기운이 없을 때 찾아오는 것이 우울이다. 누구나 우울감을 경험할 수 있고, 무시로 우울한 기분을 느낄 수 있다. 세상에 태어나 매일 매일이 기쁘고 설레고 행복할 수 없고, 또 그렇게 사는 것이 정상적인 수준은 아니다. 한 번도 행복을 경험한 적이 없는 사람은 우울도 느낄 수 없다. 행복한 기억이 있기에 바닥으로 가라앉는 기분이 감당하기 힘든 것이다.

원인은 다양하다. 삶에서 경험하는 사건이 발단이 될 수도 있고, 연령이 증가하면서 오는 호르몬 변화 때문일 수도 있다. 우울의 주요증상을 살펴보면 다음과 같다.

하루의 대부분, 거의 매일 지속되는 우울한 기분을 느끼게 되고, 거의 모든 일상에 즐거움이나 흥미가 없고, 체중조절을 하지 않았음에도 5% 정도의 체중 변화와 식욕 변화가 있고, 불면이나 과다수면이 있으며 거의 매일 피로를 호소하고, 기운이 없어 보인다. 또한 본인 스스로 삶이 무가치하게 느껴지고, 부적절한 죄책감을 갖는다.

우울은 기분조절 장애로 세로토닌 분비가 원활하지 못할 때 발생할 수 있다. 내가 느끼는 이 감정이 단순히 우울한 기분인지, 우울증인지는 정확한 검사를 통해 진단할 수 있으며 이후 나에게 맞는 약을 찾아 복용하면 일상생활을 회복할 수 있다.

다만 기분조절 약물이 워낙 다양하고 사람마다 호소하는 부작용이 다르므로 나에게 맞는 약을 찾는 데 4~6주가 걸리고, 최소 1년 이상은 복용해야 우리 몸에서 필요한 물질로 인식해 스스로 분비하게 되며, 복용하면서 느꼈던 기분 상태를 유지하기 위해 노력하게 된다. 다른 약은 약물의 절반을 복용하면 절반의 효과를 볼 수 있지만, 우울 약은 정확한 용량을 복용해야 효과를 볼 수 있다. 또한 경험할 수 있는 부작용으로는 시야 흐림, 입 마름, 심계항진, 변비, 가벼운 두통 등이 있다.

힘내! vs 괜찮아?

아이들은 어떨까?

아이들의 경우는 가면성 우울로 지나치게 밝거나, 산만하거나, 집중을 못 하거나, 칭얼거리는 모습으로 나타나기도 한다. 경험해 본 적 없는 감정이고, 본인이 감당하기 힘든 감정이다 보니 어떻게 느껴야 하고, 표현해야 하는지 배워 본 적이 없어서 아는 방식대로 표현하는 것일 뿐, 모든 밝은 아이가 보이는 그대로 밝은 것은 아니다.

내가 만난 여학생은 학교 안의 모든 선생님이 학교 부적응과 대인관계 소외감을 걱정했지만, 상담실에 올 때마다 너무나 밝은 표정을 지어 보여서 한동안 의뢰 사유가 잘못된 게 아닐까 헷갈렸을 정도였다. 어느 정도 친해진 이후에 문자완성 검사와 그림 검사를 해본 후에야 우울임을 알게 되었다. 자신은 먼지가 되어 사라지고 싶다고 했고, 그림에서는 엄지손톱보다 작게 자신을 표현했으며 필압도 낮고, 스케치하듯 이어진 선이 위태로웠다.

"많이 힘들었겠다."

그 아이에게 내가 해줄 수 있는 위로와 상담은 그게 전부였지만 아이는 한참을 어깨를 들썩이며 눈물을 쏟아 냈다.

그렇다면 우울이나 자살을 생각하는 사람들이 가장 듣기 힘든 말이 뭘까? 한때 우울과 빈번한 자해로 상담을 받았지만, 지금은 감성 시인으로 거듭난 친구에게 연락해서 물어보았다. "힘내!"라는 말이라고 한다. 힘을 내고 싶지만 힘이 나지 않고, 그렇게 응원을 해주었는데도 힘을 내지 못하면 자신이 비난받을까 봐 겁나고, 힘을 내지 못하는 자신이 더 싫어진다고 했다.

반면 가장 위로가 되는 말은 "괜찮아?"라고 했다. 어떤 상황에서도, 누구와 있어도, 지금 어떤 생각을 하든지 관계없이 건네주는 이 말이 가장 위로가 된다고 한다.

사람은 감정의 동물이다. 좋은 감정도 있지만, 느끼고 싶지 않은 감정도 있다. 하지만 나와 다른 감정을 느낀다고 해서 그 사람을 비난할 자격은 누구도 없다.

내가 아프다고 할 때 "나도 그래"라는 대답, 그리고 "너만 그래"라는 대답, 마지막으로 "너는 항상 그래"라는 한정 짓는 단어가 사람을 무력하게 하고, 관계를 멀어지게 한다. 내 주변 누군가가 이유 없이 힘들어하고, 지쳐 보인다면 마음을 다해 물어봐 주자.

"괜찮아?"

다짐

밑져야 본전

무언가를 새로 시작한다는 것은 설렘과 동시에 두려움을 가져온다. 누구나 처음 살아 보는 인생이고, 누구나 한 치 앞을 내다볼 수 없으니 당연하다. 그럼에도 나는 설렘을 더 크게 느끼는 사람인지, 불안과 두려움을 더 크게 느끼는 사람인지 한 번쯤은 탐색해 보면 좋을 것 같다.

뇌를 포함한 우리의 몸은 '익숙한 것'을 '좋다'고 착각하는 경우가 많다고 한다. 그래서 더 나은 정보, 더 나은 사람이 있음에도 익숙한 정보를 선택하고, 익숙한 관계를 반복하게 된다고 한다.

설렘을 더 친근하게 경험하는 사람은 기질적으로 자극 추구가 높을 가능성이 있고, 그런 만큼 자신에게 주는 보상과 강화가 중요한 사람이라고 볼 수 있다. 이런 사람은 좋은 성과를 내기 위한 정보와 관계를 선택할 가능성이 더 높다. 반면 불안과 두려움을 더 익숙하게 지각하는 사람은 기질적으로는 위험회피가 높아서 보상이나 칭찬이 좋긴 하지만 그것보다는 비난을 포함한 처벌에 대한 염려가 큰 사람이다. 그러다 보니 안정적인 것, 익숙한 것을 선택할 가능성이 높다.

위기는 기회와 함께 온다고 한다. 위기와 기회가 나란히 오면 그나마 알아보기 쉬울 텐데 위기 뒤에 바짝 붙어서 오기 때문에 기회를 발견하기가 쉽지 않을 때도 있다. 그래서 쉽게 선택하거나 쉽게 포기할 수 없게 만든다. 그럼에도 지난날의 익숙한 선택들이 지금의 나에게 만족보다는 불만과 두려움을 더 안겼다면 '밑져야 본전'이라는 심정으로 다른 것을 과감하게 선택해 보라 권하고 싶다.

열 살 때 입었던 옷이 아무리 감촉이 좋고, 디자인이 예뻐도 마흔 살에는 입을 수 없는 것처럼 우리는 나이에 맞는 선택과 결정을 내려야 한다. 새로 산 옷이 어색하고 불편해도 몇 번 입다 보면 편해지는 것처럼 삶도 적응과 도전을 반복하는 긴 여정이라고 보면 된다. '타고난 팔자는 바꿀 수 없지만 타고난 운명이란 없다'라는 말처럼 내 부모, 내 외모를 선택할 수 없지만 나의 인생만큼은 스스로 선택해야 진정한 삶의 주인공이라고 말할 수 있을 것이다.

누구를 위한 삶인가

그럼에도 해가 바뀌는 것은 여러 가지 의미를 주는 것 같다. 언젠가부터 그저 나이의 숫자가 바뀌는 것뿐이라고 우겨 봐도 나이에 맞는 값을 해야 한다는 부담은 생각도, 행동도 움츠러들게 만든다. 옷차림, 걸음걸이, 말투, 생각까지 조금씩 성장해야 함에도 어쩌면 성장을 방해하는 사람은 바로 자신이 아닐까. 그래서인지 해가 바뀌면 자신의 삶과 가치관을 점검받기 위해 상담실 문을 두드리는 사람이 적지 않다.

이제까지 돈만 좇으며 살아왔는데, 어느 날 보니 집에 자신 혼자만 덩그러니 남아 있는 모습을 보면서 무언가 잘못된 것 같아 상담실을 찾은 아버지는 자신이 무엇을 잘못했는지를 물어왔다.

20년을 시어머니를 모시고 살았는데, 어느 날 몸이 너무 아파서 병원에 갔다가 암 진단을 받았다. 그 순간에도 시어머니 밥걱정을 하고 있는 자신이 너무 초라하고 서글퍼서 병원 복도에 주저앉아 울었다는 대한민국 며느리도 자신이 무엇을 놓치고 살았는지를 물어왔다.

부모가 하라는 대로 시키는 거 다 하면서 노력했음에도 원하는 대학에 붙지 못한 고3 학생은 자신과 눈맞춤도 해주지 않은 아버지를 볼 자신이 없어서 방에서 숨죽인 채 울기만 했는데 자신이 어떻게 해야 아버지 기분이 풀어질지를 알려 달라고 했다.

31개월 아이 엄마는 자신이 최선을 다해서 키우고 있는데도 짜증이 느는 아이를 보면서 자신이 뭘 잘못하고 있는지를 알려 달라고 한다.

가족을 남부럽지 않게 부양하고 싶어 최선을 다하는 것이 삶의 가치관이었던 아버지, 내 몸보다 시어머니를 더 아끼고 보살피면서 불만 없이 살았는데 자기 몸이 아픈 상황에서도 나보다 시어머니를 먼저 생각하는 며느리, 부모님의 자랑스러운 아들이 되기 위해 최선을 다해 온 아들, 자신처럼 초라한 어린 시절을 아이가 경험하지 않기를 바라는 마음으로 육아서란 육아서를 다 읽으면서 아이를 키웠지만 행복해하지 않는 아이를 보면서 좌절을 경험하는 엄마. 이들은 가족이, 시어머니가, 아버지가, 아이가 다짐의 원천이었을 것이다.

내 편이 되어 주려는 다짐

다짐은 "이미 한 일이나 앞으로 할 일에 틀림이 없음을 단단히 강조하거나 확인하다"라는 뜻의 동사이다. 즉, 움직여야 하는 것이다. 움직임의 주체가 '나'였다면 다짐의 주체도 '나'여야 한다. 나의 손발이 움직여서 나의 등을 긁었을 때 시원함을 느낄 수 있다. 하지만 내 손으로 타인의 등을 긁는다고 내가 시원해지는 것은 아니다. 어떤 사람도 과거와 타인을 통제하거나 바꿀 수 없는 것과 같다.

상담은 '나'를 찾아가는 작업 과정이며 상담사는 작업동맹자이다. 세상에서 가장 친하게 지내야 하는 관계도 '나'여야 하고, 세상에서 가장 먼저 맛있는 음식을 먹어 봐야 하는 것도 '나'여야 하고, 다른 사람은 몰라도 나는 '내 편'이 되어야 하는데 그렇지 못해서 서운하고 억울하고 분하고 속상하고 화가 난다. 내가 이만큼 참았는데 몰라줘서, 내가 이렇게 노력했는데 달라지지 않아서 말이다.

그래서 아직 새해 다짐을 못 찾은 분들에게 '나를 돌보는 한 해'라는 다짐을 가져 보라고 권하고 싶다. 내 생각, 내 감정, 내 말, 내 행동, 내 욕구, 내 몸, 내 소망을 내가 제일 먼저 알아주고, 소중히 대해 주고, 어떤 순간에도 '내 편'이 되어 주려는 자세가 필요하다. 그것이 진정한 내 삶의 주인이 되는 길일 것이다.

삶을 위협하는
다양한 불안 앞에 당당해지기

죽음의 수용소에서

실존분석인 로고테라피를 제창한 빅터 프랭클(Viktor Frankl)은 포로수용소에서 매일 아침 생과 사를 넘나드는 줄서기를 했다. 두 줄 중 한 줄은 홀로코스트로 향했고, 한 줄은 살 수 있었지만 어떤 줄이 죽음에 이르게 될지는 알 수 없었다.

수용소에 있는 대부분의 사람들은 매일매일 불안함에 어쩔 줄 몰라 했다. 우는 사람, 소리 지르는 사람, 식음을 전폐하고 공황장애를 경험하는 사람, 자신의 감정을 주체하지 못해 애먼 사람에게 분노와 억울함을 토로하는 사람도 있었을 것이다.

자유롭지 못하고, 먹을 것도 충분하지 못한 데다 매일 삶과 죽음을 넘나드는 상황에서 자신을 꾸민다는 건 상상도 할 수 없는 사치일 것이다. 하지만 그럼에도 빅터 프랭클은 매일 공급되는 두 잔의 물로 세수를 하고, 면도를 하면서 자신을 돌봤다. 그런 빅터를 주변 사람들은 이해하지 못했다. 심리적 고통으로 정신줄을 놓아 버렸거나 놓아 가고 있는 과정으로 보았을 것이다.

빅터는 자신이 선택하거나 통제할 수 없는 환경으로 인해 불행을 경험하는 대신 자신이 선택할 수 있는 자신의 외모, 감정, 행동들, 즉 자신을 돌보는 데 조금 더 집중한 것이다. 이후 수용소에서 살아나온 빅터는 자신의 경험을 실존주의로 승화시켰고, 삶의 의미와 의지의 중요함을 여러 책으로 집필하였다. 그는 자신의 경험을 바탕으로 실존이란 죽음, 상처, 불안, 고독을 받아들이는 것이며 누구도 피해 갈 수 없는 삶의 실존적 문제와 다툴 것이 아니라 자신의 의지대로 삶을 선택하고 조금 더 집중하는 것이 온전한 실존이라고 이야기했다.

불안과 두려움의 촉매

불안은 언제나 다른 색의 옷을 입고 사람들의 삶에 침투한다. 전쟁 불안, 가난 불안, 죽음 불안, 취업 불안, 시험 불안, 관계 불안 등이며 같은 이름의 불안이라도 사람마다 다른 감정과 증상을 보이기도 한다. 사람들은 이제껏 경험하지 못한 새로운 불안에 대해 뭐라 이름 붙이지도 못한 채 두려움에 떨고 있고, 애써 눌러두었던 불안의 한 꼭지가 건드려지자 연쇄적으로 다른 불안들이 줄줄이 터지기 시작했다.

불안과 두려움은 그것을 건드리는 사건이나 이벤트가 있고, 그것에 의해 촉발되는 경우가 보편적이다. 하지만 대부분의 사건은 사전 예고 없이 다가오기에 당황스러울 수밖에 없다. 어느 한 사람이 나서서 막을 수는 없지만 어느 한 사람 한 사람의 힘이 절실히 필요한 사안들이다.

큰 사건을 경험한 사람들은 배신감과 두려움, 공포, 불안, 분노와 짜증으로 상담실에 들어섰다. 누구는 말도 안 되는 사소한 자극에 공황장애를 경험하기도 하고, 누구는 공부하는 아이들을 보고 있노라니 맥없이 눈물이 흘러서 왔노라고 했다.

대두분의 사건은 사람의 힘으로는 어쩔 수 없는 천재지변이지만 사람의 힘으로 바꿀 수 있는 인재이기도 하다. 지난 원전사건만 해도 그렇다. 결국 오염수는 바닷물로 희석시킨 뒤 바다로 방류되기 시작했다. 먹거리와 생계를 위협받게 된 사람들은 너나 할 것 없이 불안을 경험하고 있다. 그리고 지금 당장은 눈에 보이지 않는 원전의 위협에 대해 10년 뒤, 20년 뒤에 벌어질 끔찍한 가설과 상황들이 사람들을 불안으로부터 놓아주지 않는다. 언제 어떻게 질병으로 발현될지 알 수 없으니 한시도 마음을 놓을 수 없을 것이며, 어떤 증상으로 나타날지 예측할 수 없기 때문에 자라 보고 놀란 가슴 솥뚜껑 보고 놀라는 심정으로 작은 고통에도 더럭 큰 병을 걱정하며 겁이 나는 것이다.

불안으로 인해 예민해진 사람들은 대상을 가리지 않고 분노와 공격성을 드러내기도 하고, 많은 상황에서 스스로 자책하면서 우울감을 경험하기도 한다. 이는 원인이 한 가지여도 다양한 증상으로 나타날 수 있는 정서적·정신적 문제의 양상이 그러하기 때문이다.

아이들은 아이들대로 뭔가 달라진 분위기와 일촉즉발의 긴장감 속에서 자신의 역할에 대해 의심을 품게 된다. 엄마 아빠가 불안해하고, 연일 뉴스의 대부분을 차지하는 '오염수'라는 단어로 인해 자신의 역할이 삶에 불필요한 역할은 아닌지 그리고 자신이 정작 중요한 것을 놓치고 있는 건 아닌지 자신이 현실을 살아 내기에 굉장히 작고 힘이 없는 존재임을 경험하면서 불안해한다.

진짜 실존을 위하여

누구도 피해 갈 수 없는 상황, 누구에게도 선택권이 주어지지 않는 현실, 어떤 증상이 드러날지 예측할 수 없고 딱히 이렇다 할 예방법도 없는 상황에서 우리는 또 살아 내기 위해 선택을 해야 한다.

불안함에 나를 물들여 갈 것인가? 그럼에도 지금 이 순간 내가 할 수 있는 것들을 찾아내 의지대로 선택하고, 순간순간에 의미를 붙일 것인가?

당연히 후자여야 한다. 그렇게 사는 것이 '나'다운 삶이며 '불안'으로부터 해방되는 유일한 방법임을 알아야 한다. 힘이 없고 자기 확신이 떨어진 아이들은 부모의 선택을 보면서 삶에 대한 허락을 경험할 것이며, 자유를 경험할 것이며, 온전한 삶을 경험할 것이다.

우리 모두는 내 삶을 살아 낼 의무와 권리가 있음을 기억해야 한다. 그 어떤 불안이 나를 위협할지라도 나는 나의 삶을 묵묵히 살아 내는 것! 그것이 진짜 실존일 것이다.

불안도 마찬가지다. '나는 재수가 없어' '나한테만 이런 일이 생겨' '사람들이 나를 무시할 거야' '나는 얼마 못 살고 틀림없이 죽을 거야' '나를 좋아하는 사람은 한 명도 없어'라는 생각이 결국 자괴감, 분노, 억울함, 두려움, 불안을 가져오는 것이다.

나의 생각은 오직 나만이 바꿀 수 있다. 그러니 나를 향한 분노를 당연하게 볼 것이 아니라 측은하게, 기특하게, 고맙게 바라보는 시선변화가 중요하다. 훈련과 반복을 통해 생각을 바꾸면 세상은 또 다른 색깔로 나를 맞이할 것이다.

좌절 없는 선택
그리고 책임

책임 없는 결정권은 좌절감을 남긴다

고등학교 1학년 지은이는 심각하게 자퇴를 고민하고 있다. 대학보다는 취직을 목표로 고등학교를 정하고 갔는데 예상과는 달리 교육과정도 일반고와 크게 다르지 않은 학습 위주의 교육인 데다가 학교 규칙이 너무 빡빡해서 숨이 막힐 지경이었다. 게다가 대부분 친구들끼리 같은 고등학교를 진학하다 보니 친구를 사귀는 것도 쉽지 않았다. 또래관계가 무엇보다 중요하고, 소외감과 외로움에 대한 두려움이 상당한 시기이다 보니 친구가 없이 학교생활을 한다는 것은 생각보다 훨씬 힘들었다.

스트레스로 인해 위경련과 배탈을 앓았고, 어지럼과 편두통도 호소했지만, 아버지는 지은이의 힘든 상황에 대해 공감이나 위로보다는 "공부에 더 집중하라"는 말로 일축해 버렸다. 답답함과 스트레스를 적절히 해소하지 못한 지은이는 상황에 비해 화를 크게 냈고 분노조절 장애라는 지적까지 듣게 되면서 상담에 오게 되었다.

지은의 아버지는 학생은 당연히 학교에 가야 한다는 생각에 조금의 의심도 하지 않았다. 아버지가 자신의 역할을 하듯 지은에게도 자신의 역할을 하라고 지시하고 있었다. 자퇴하겠다고 고민하는 아이들을 데리고 상담에 오는 부모의 바람은 딱 한 가지다. 십분 양보해서 공부를 못해도 좋으니, 학교만 다녔으면 한다는 것이다. 아낌없는 지원에도 불구하고 남들 다 다니는 학교도 못 다니겠다고 말하는 자식을 보면 부모 속이 얼마나 타들어 가고, 속상할지 짐작 못 하는 바는 아니다. 하지만 그런 부모에게 상담사는 학교를 보내는 상담은 없다고 정중히 말씀드린다. 그 말을 듣고 표정이 안 바뀌는 부모를 본 적이 없다. 덧붙여 "다만 자신의 고민을 해결하고 난 뒤에 학교에 가보겠다고 하는 아이를 말리지도 않는다"고 하면 그제야 안심한다.

매슬로우(Abraham H. Maslow)는 인간이 삶을 살아가면서 경험하는 욕구 중에 자아실현의 욕구는 가장 상위에 있는 욕구로 그것이 채워지기 위해서는 그보다 하위욕구인 결핍의 욕구, 안정감에 대한 욕구, 소속감에 대한 욕구, 자존감에 대한 욕구, 심미적인 것에 대한 욕구가 다 채워져야만 비로소 자아실현의 욕구가 채워진다고 했다.

지은이의 경우 안정감과 소속감을 전혀 느끼지 못하고 있으며, 그로 인해 자아상 역시 바람 빠진 공처럼 쭈글쭈글해져 있다. 그러니 공부를 하고 싶어도 되지 않는 것이다. 지은이는 자퇴 후에 어떻게 지낼 것인지에 대해 일·월·년을 기준으로 계획표를 만들었고, 인생 그래프까지 그려서 아버지께 보여 드렸지만 결국 자퇴를 하지 못한 채 상담에 오게 되었다.

학교에 다니는 것이 성공의 열쇠이며, 학교에 다니지 않는 것이 실패의 원인이라는 이분법적 사고보다는 조금 시야를 넓혀 보라고 제안하고 싶다. 세상에 수만 가지 직업이 있고, 수만 가지 감정이 있고, 수만 가지 성향의 사람이 있고 그들을 상대하고, 그것들에 적응하기 위해서는 다양한 자원과 기술, 능력이 필요하듯이 세상을 경험하는 방법 역시 성공과 실패라는 이분법적 사고보다는 중간 지대에 대한 고려가 필요하다.

나의 권리와 타인의 권리

옛말에 멍석 깔아 주면 하던 짓도 못 한다는 말이 있다. 자퇴하겠다고 찾아온 아이들에게 이제껏 자퇴한 학생 중에 가장 멋진 자퇴를 하기 위해 오늘부터 우린 한 팀이라고 동맹을 맺는다. 그리고 학교, 친구, 선생님, 과목 등 여러 가지 부분에서 좋은 점과 싫은 점을 찾아보고 그런데도 어쩔 수 없이 학교에 남아 있어야 한다면 무엇을 해보고 싶은지에 대한 예외 상황도 탐색하면서 상담하다 보면 시간은 가고, 방학이 오고, 방학이 지나면 그냥저냥 다녀 보게 된다. 자퇴를 포기해서가 아니라 자퇴가 유일한 선택이 아님을 알게 되는 것이다.

문제는 자퇴냐 아니냐가 아니라 문제를 결정하는 데 부모가 반드시 개입해야 할 부분과 개입하지 말아야 할 부분이 있다는 것이다. 아이의 생명과 안전이 걸린 문제에 있어 부모는 절대 양보해서는 안 되며, 타인의 권리를 침해하는 행위를 묵인해서도 안 된다.

세 살 버릇이 여든까지 가는 이유는 반복이 익숙함이 되고, 그것이 성격으로 자리 잡기 때문이며, 어릴수록 안전을 위해 새로움보다는 익숙함을 더 많이 추구하게 된다. 그래서 어른이 되었을 때 필요한 삶의 기술은 열 살 이전에 모두 터득한 것들이 대부분이다.

부모는 아이의 삶을 결정해 주는 것이 아니라 먼저, 자녀의 행복과 건강을 위해 자신이 올바른 선택을 하고 있는지 검열해 봐야 하며, 그리고 자신이 책임지지 않아도 되는 부분을 책임지려고 애쓰고 있는지를 살피고 아이에게 선택이라는 명분으로 책임을 떠넘기고 있는지 봐야 한다.

여섯 살 영재는 유치원에 적응하지 못했고, 친구들을 괴롭혔으며, 한시도 가만히 있지 못해서 상담실에 방문했다. 전형적인 산만함과 충동성이 관찰되었다. 언어사용이나 사회성, 표현력에서 지능검사가 필요함을 시사했다. 영재 어머니 역시 아이의 문제를 정확하게 파악하게 된 것 같다면서 지능검사 일정과 주의집중력 훈련 일정을 잡고 갔는데, 다음날 전화가 와서는 영재가 하고 싶지 않으니 취소해 달라고 했다.

여섯 살 아이는 자신의 문제를 자각하지 못하며, 해결책을 스스로 제시하지 못하며 언어가 세련되지 못하고, 관계불편감을 통제할 능력이 부족하다. 이런 아이에게 자기 삶과 문제해결에 대한 결정권을 주는 것이 과연 맞는 것일까?

중3 혜지 엄마도 그랬다. 혜지는 비행으로 인해 경찰서 연계로 상담에 온 친구로 심리검사 결과 상당 수준의 우울과 자살 사고가 있어서 어머니께 연락을 드릴 수밖에 없었는데, 어머니는 지금의 상황을 모두 혜지의 탓으로 돌리고 있었다. 예전부터 이런 문제가 있었고 상담실에 데려갔었는데 본인이 안 하다고 해서 안 했는데 부모가 뭘 더 해야 하느냐고 되려 역정을 냈다. 그러고는 지금 만나는 친구, 불안한 학교생활을 용돈과 통금, 즉 힘으로 통제하고자 했다.

혜지는 자신이 상담과 치료를 하지 않겠다고 말한 것조차 기억하지 못한 채 선생님이 엄마에게 얘기해 달라고 부탁해 왔다. 너무 어린 혜지는 자신의 선택을 책임질 힘이 없었던 것이다. 하지만 자신이 힘들어할 때마다 "네가 안 한다고 했잖아!"라는 엄마의 말로 인해 자살 생각으로 옥상에 몇 번이나 올라갔을 때도, 가장 편하게 죽는 방법에 대해 검색했을 때도 엄마에게조차 더 이상 도움을 요청하지 못하고 있다.

아이에게 주어야 할 것과 말아야 할 것

아이에게 선택권을 준다는 건 선택에 따른 책임까지 부여하는 것이다. 그런데 정작 아이가 충분히 결정할 수 있는 친구와 놀잇감은 부모가 정해 주고, 아이 스스로 결정하기 어려운 삶과 건강은 아이에게 정하라고 한다.

이혼을 앞둔 부모가 아이에게 엄마랑 아빠 중에 선택하라고 하는 것이 그렇다. 아이는 선택하지만, 선택의 기쁨보다는 선택하지 못한 또 한 명의 부모에 대한 미안함과 죄책감을 안고 살아가야 한다.

선택이라는 건 선택하는 사람의 능력에 적합해야 하고, 기회비용을 감당할 수 있어야 하며, 연령에 적합해야 하고, 철회했을 때 불이익이 없어야 한다.

진짜로 살아가기

한 해가 마무리 되어 가는 시점이 되면 사람들은 저마다 각자의 아쉬움과 후회를 되새김한다. 성공만을 좇는 인생도 없지만 매 순간이 실패인 인생도 없다. 그럼에도 좋은 일보다는 좋지 않았던 일에 더 큰 미련이 남게 된다. 그럴 때는 뉴스를 통해 들려오는 크고 작은 세상 소식이 아닌 나의 10대 뉴스를 정리해 보는 것도 필요하다. 모두에게 박수받을 만한 성과가 없더라도 그 순간 최선을 다했다는 것을 나는 알아주어야 하기 때문이다. 상처를 입고 넘어진 채 있을 것인가? 비록 상처는 입었지만, 상처를 입지 않는 법과 치유하는 법을 배웠다면 삶에서 그것 또한 이익이 될 수 있다.

나를 위해, 그리고 타인을 위해 얼마나 많은 이익을 좇았는지, 그 과정에서 얼마나 많은 의로움을 잃어버렸거나 빼앗겼는지는 뉴스나 신문 지면이 아닌 스스로에게 질문해 보아야 하며 타인의 기준이 아닌 나의 기준에서 평가해 보아야 한다. 돈을 좇자니 양심이 허락지 않고, 의로움을 좇자니 현실이 허락하지 않는 딜레마 상황에서 나는 어떤 선택을 했는가를 돌아보자는 것이다.

다짐한 대로 하는 게 어렵다

좋은 아버지가 되고 싶지만 아버지의 생각대로 움직여 주지 않고 친구와 게임에만 빠져 사는 아들을 보는 순간 현관문을 열기 전까지 먹었던 각오는 온데간데없었다. '절대 하지 말자'라고 다짐했던 비난의 말과 분노에 찬 표정과 경멸에 찬 태도가 습관처럼 나와 버린 것도 선택이었고, 그런 아버지에게 분노하는 아들 역시 선택을 한 것이며, 절망스러운 아들을 발견하고 퍼뜩 정신을 차려 보지만 이미 준비했던 단어와 감정은 사라지고 한 뼘 더 멀어져 버린 관계의 협곡 앞에서 애써 태연한 척 감정을 포장한 것도 선택이었을 것이다.

특정 누군가의 아버지 모습이 아니다. 또한 특정 누군가의 아들 모습도 아니다. 아버지의 모습도 아들의 모습도 어쩌면 어느 순간의 나의 모습이고, 지금도 의식하지 못한 채 보여 주고 있는 지금 나의 모습일 수 있다. 그렇기에 이 아버지를 비난할 자격, 이 아들을 비난할 자격이 '나'에게는 없는 것이다. 만약 그럼에도 누군가 이들을 비난한다면 그 사람은 포장을 잘하는 사람일 것이다. 나의 허물은 합리화하고, 나의 초라함을 감추기 위해 애써 더 화려하게 포장하는 그런 삶이 위선임에도 나와 관련이 없는 위선자가 아닌 내 친구, 내 가족, 또는 나이다.

이 아버지에게 왜 그랬느냐고 물으면 필시 "안 그러려고 했는데…"라는 말이 나올 것이다. "그런데 왜 그러셨을까요?"라고 물으면 "아들이 기어이 나를 화나게 했다"라고 할 것이다. 그렇다면 아들은 어떨까? "아버지 때문에"라고 말할 것이다.

아버지와 아들의 행동과 감정에서의 공통점도 '포장'이다. 아버지는 아들을 향한 분노를 사랑이라 포장했고, 아들은 아버지를 향한 분노와 아버지에 대한 기대를 게임과 친구, 그리고 회피로 포장하고 있었다.

나를 힘들게 하는 '포장'

가장 순수한 집단이지만 가장 많은 포장이 이뤄지는 곳이 가정이다. 회사에서 받은 스트레스를 기어이 집에까지 가져와서 가족에게 표출하는 아버지, 남편의 기분을 맞춰 주기 위해 참는 게 미덕이 되어 버린 엄마, 살얼음판 위를 걷듯 위태로운 가정 분위기를 탓하며 부모의 관심을 얻기 위해 절도를 하는 아들, 부모의 문제를 고민하느라 수업에 집중 못하는 딸까지…. 폭력을 포장하고, 분노를 포장하고, 자신의 문제를 타인의 탓으로 포장하다 보니 포장하지 않는 사람이 이상한 사람으로 포장되어 버린다.

여기서 주의할 점은 포장과 페르소나는 엄연히 다르다는 것이다. 페르소나는 사람, 장소, 목적에 맞게 자신의 역할을 적절하게 변화시키는 능력이지만, 포장은 없는 것을 있는 것처럼 만드는 변조와 위조를 말한다.

대화법 중에서도 가장 부적절한 대화법은 암시적 대화법인 것처럼 속인다는 것을 달갑게, 기쁘게 받을 사람은 없다. 자신조차 속이지 못할 거짓이라면 타인은 절대 속일 수 없음을 알아야 하는데 자신조차 속여 버리는 포장도 있고 그건 판단 능력이 없는 어린 시절부터 들어온 부모의 '말'이다.

'착한 아이'라는 포장은 힘듦을 말하지 못하게 만들고, '멋진 아이'는 안 멋진 일은 말할 수가 없고, '똑똑한 아이'는 자신이 하는 행동이 똑똑하지 못할까 봐 불안해하고, '너무 대단한 그 아이'는 대단하지 못할까 봐 이상 행동을 하게 된다.

항상 강인해야 한다고 포장된 아들이 "그동안 견디느라 참 많이 고생했다"라는 낯선 상담사의 위로 한마디에 아이처럼 눈물 꼭지를 틀고 한참을 엉엉 우는가 하면, 세상 온화한 표정의 어머니 역시 "내쉬는 한숨이 참 뜨겁게 느껴지는데, 마음은 얼마나 끓어오를까요?"라고 말 한마디에 흐르는 눈물을 주체하지 못한 채 화들짝 놀라기도 한다.

내년이 올해보다 나은 삶이라는 증거는 내 입술에 올려지는 단어의 수준에 달려 있다. 부모로서, 자녀로서, 교사로서, 정치인 또는 연인으로서 어떤 선택을 했는지 돌아보는 시간을 갖고, 내가 나조차 속이려고 했던 수많은 포장에서 자유로워지길 바란다.

바둑기사는 대국이 끝나면 복기를 통해 자신의 전략과 상대방의 전략을 점검하는 시간을 통해 더 나은 전략을 찾고, 자신이 미처 발견하지 못한 전략을 상대의 수를 통해 배우는 과정을 경험한다. 사람도 마찬가지다. 어떻게 살고 싶은지를 알고 싶고 더 잘 살고 싶은 소망이 있다면 어떻게 살아왔는지를 복기해 보고, 그 안에서 나답지 않았던 것들, 나를 위한답시고 결국 나를 상처입혔던 의롭지 못한 선택과 단어들을 찾아 갈무리해야 할 것이다. 그래야 진짜 나다운 삶을 살 수 있을 것이다.

관계의 재정의

초판 1쇄 인쇄 2024년 09월 19일
초판 1쇄 발행 2024년 09월 27일
지은이 주경심

펴낸이 김양수
책임편집 이정은
교정교열 연유나

펴낸곳 휴앤스토리
출판등록 제2016-000014
주소 경기도 고양시 일산서구 중앙로 1456 서현프라자 604호
전화 031) 906-5006
팩스 031) 906-5079
홈페이지 www.booksam.kr
이메일 okbook1234@naver.com
블로그 blog.naver.com/okbook1234
페이스북 facebook.com/booksam.kr
인스타그램 @okbook_

ISBN 979-11-93857-09-0 (03190)

* 책값은 뒤표지에 있습니다.

* 파손된 책은 구입처에서 교환해 드립니다.

* 이 도서의 판매 수익금 일부를 한국심장재단에 기부합니다.

휴앤스토리, 맑은샘 브랜드와 함께하는 출판사입니다.